广州博物馆典藏

铭文刻辞类文物选

广州博物馆　编著

文物出版社

图书在版编目（CIP）数据

字字珠玑：广州博物馆典藏铭文刻辞类文物选 / 广州博物馆编著 . -- 北京：文物出版社，2021.3

ISBN 978-7-5010-6164-8

Ⅰ. ①字… Ⅱ. ①广… Ⅲ. ①金文 - 汇编 - 中国 Ⅳ. ① K877.33

中国版本图书馆 CIP 数据核字 (2021) 第 020677 号

字字珠玑

广州博物馆典藏铭文刻辞类文物选

编　　著	广州博物馆	
责任编辑	李睿	
特邀编辑	老嘉琪　关子琦	
责任印制	张丽	
装帧设计	佘艳敏	
制作统筹	广州六宇文化传播有限公司 Guangzhou Liuyu Culture Communication Co., Ltd.	
出版发行	文物出版社	
地　　址	北京市东直门内北小街 2 号楼	
邮　　编	100007	
网　　址	www.wenwu.com	
邮　　箱	web@wenwu.com	
印　　刷	广州市岭美文化科技有限公司	
经　　销	新华书店	
开　　本	787mm × 1092mm　　1/16	
印　　张	17.5	
版　　次	2021 年 3 月第 1 版	
印　　次	2021 年 3 月第 1 次印刷	
书　　号	ISBN 978-7-5010-6164-8	
定　　价	268.00 元	

编委会

序言

　　文字的出现是人类文明发轫的重要标志之一。华夏先民认为创造文字是一件惊天动地的大事，且不提"天雨粟，鬼夜哭"之类的神话，仅凭遍布中国各地的仓颉祖庙及各种宣扬"珍惜字纸"的遗物遗迹，也可感受到古人对于古代文字记载的珍视与敬畏之情。

　　中华文明源远流长，古代遗物上有文字留存者，往往更为世人珍藏，为史家所重，已成共识。因其以时人记时事，率多真实可信，可视作实录，正如清人龚自珍《说彝器》云："凡古文，可以补许慎书之阙；其韵，可以补《雅》《颂》之隙；其言，可以补七十子大义之隙。"龚自珍虽然是站在儒家经学角度上来看待青铜器铭文，但从其所处的时代来说，颇有见地。马衡《中国金石学概论》进而指出："凡甲骨刻辞、彝器款识、碑版铭志及一切金石、竹木、砖瓦等之有文字者，皆遗文也。"文物上的刻辞铭文是反映当时社会政治、经济、军事、法制、礼仪、民俗的重要资料，可与史籍记载互证。

　　广州博物馆作为收藏、研究、展示、宣传广州历史文化的综合性城市博物馆，建馆90年来一直致力于地方文物的征集、典藏、研究及展示、宣传工作。截至2019年底，广州博物馆藏品4万余件（套），含陶瓷器、青铜器、玉器、书画、木雕、象牙雕、丝织品、碑刻法帖、雕版古籍、矿物和化石标本以及旧照片等73类，年代从史前时期直到现代，堪称广州历史文化的宝库。近年来，广州博物馆组织专业人员加大对藏品的整理研究，陆续推出多个原创展览。2020年初，以馆藏有铭铜器为题，组织策划了"字字珠玑——广州博物馆藏有铭铜器展"，受到文博同行和学界关注。在此展的筹备之初，我们同步组织专业人员甄选馆藏除碑刻之外的有关刻辞铭文类文物进行整理研究，对其上铭文进行辨识、释读，集结成此项藏品研究成果。本书以馆藏青铜器、铜镜、印玺及砖瓦陶文为主，以品相完好、铭文清晰且具备一定历史文献价值为入选标准，依类比属，按历史年代排序，对其铭文及历史价值尤其是与城市历史文化相关的内涵进行阐述。编撰此书的目的在于整理馆藏，公之于众，资源共享。著名金石学家容庚捐赠的商周青铜器、见证秦平岭南的铜戈、广州汉墓出土的公私印玺、反映"康宁广州"的晋砖以及宋代广州建城历史的修城砖，都在本书之列，无论铭文多寡，都与广州历史文化密切相关，与广州博物馆基本陈列"城标·城史——广州历史陈列"的内容主旨一脉相承，相得益彰，可互为补充，为研习者提供参鉴。

习近平总书记对文化工作者提出了新的要求，要让收藏在博物馆里的文物、陈列在广阔大地上的遗产、书写在古籍里的文字都活起来。近年来，广州博物馆在藏品研究、陈列展示和宣传教育工作上的探索和实践，也是贯彻习近平总书记的重要指示，致力于实现中华优秀传统文化创造性转化和创新性发展，这既是我们面临的挑战和机遇，也是我们的职责和使命。愿与同仁们共同努力，不断创新，讲好中国故事，传承中华文明。

广州博物馆
馆长

2020 年 12 月 8 日

目录
Contents

铜器篇

商至秦青铜器

003　商"子系"铜爵

005　商"父癸"铜爵

006　商"毕"铜铙

008　商"父丁"铜簋

009　周"刺"铜鼎

011　周"旸"铜鼎

013　周"立"铜鼎

014　周"叔"铜鼎

015　周"钟伯侵"铜鼎

016　周"齐史疑"铜鲜

018　周"息伯"铜卣

020　周"作母"铜尊

021　周"任氏"铜簋

022　周"齐嬗姬"铜簋

024　周"邰盔"铜簋

026　周"嬴霝德"铜簋盖

028　周"季宫父"铜簠

030　周"铸客"铜簠

032　周"铸叔"铜簠

033　周"孟辛父"铜鬲

035　周"鄗祁"铜鬲

037　周"曾口壬母"铜钟

039　周"曾大保"铜盆

041　周"越王"铜剑

043　秦"十四年属邦"铜戈

铜镜

045　汉"见日之光"铜镜

047　汉"内清以昭"铜镜

049　汉"长相毋忘"铜镜

051　汉"长宜子孙"铜镜

053　汉"宜君子孙"铜镜

055　汉"涑冶铜华"铜镜

057　晋"元康三年"铜镜

059　宋"湖州照子"铜镜

061　宋"饶州照子"铜镜

063　宋"茆八叔"铜镜

064　宋"张明铁镜"铜镜、
　　　宋"黄家照子"铜镜

066　明"惊鸾凤舞"铜镜

068　明"正其衣冠"铜镜

070　明"为善最乐"铜镜

072　明"五子登科"铜镜

074　明"状元及第"铜镜

076　清"薛晋侯造"铜镜

078　　清"骆氏作镜"铜镜

080　　清"黄盖作镜"铜镜

082　　清"连生贵子"铜镜

084　　清"松柏长青"铜镜

086　　清"清闲"铜镜

铁器篇

090　　南汉"芳华苑"铁花盆

092　　明"崇祯十七年"铁炮

095　　南明"永历四年"铁炮

096　　清乾隆、嘉庆、道光年款铁炮

104　　清西洋铭文铁炮

106　　清德国克虏伯大炮

108　　清"平南王"铁钟

110　　清"无着庵"铁钟

陶瓷砖石篇

陶瓷

115　　汉"公"陶罐

116　　汉"长秋居室"陶罐

118　　汉"常御第六"陶罐

120　　汉"藏酒十石"陶罐

121　　汉"大厨"陶瓮

122　汉"食官第一"陶鼎

124　汉"万岁"陶瓦当

126　宋"嘉定八年"陶谷仓

128　宋"供御"款黑釉盏

砖石

131　汉"永元九年"铭文砖、
　　　汉"永元十六年"铭文砖

133　三国吴"嘉禾五年"铭文砖、
　　　三国吴"甘露元年"铭文砖

135　晋"永嘉"铭文砖

137　宋"水军"修城砖

139　宋"摧锋军"修城砖

142　宋"傅氏二娘"石水笕

144　宋"连州太守"端砚

146　明"中左所造"残砖

149　明"万历丙辰"石柱础

150　明"市舶太监李凤"石像

152　明"归德"门石额

153　清"宜民市"石额

155　清"大新街"石额

156　清"纪纲街"石额

157　清"新荳栏"石额

158　清"状元桥"石额

160　清"潮州八邑会馆"石额

161　清"桂阳书院"石额、
　　　清"南州书院"石额

162 清"宣统元年"广九铁路奠基石

164 清"试馆"石额

166 民国"湘兰里"石额

168 民国驻粤滇军纪念碑座

杂项篇

漆木牙角

173 秦"蕃禺"漆盒

175 汉"甫九"椁木

177 明"天蠁"琴

179 明"寒涛"琴

181 明"南京工部尚书陈绍儒"朝笏

183 民国陈纳德象牙烟盒

186 1951年冯公侠牙雕字屏

印章

189 汉"李嘉""辛偃"等印

192 汉"成相私印"铜印

193 汉"军司马印"铜印

194 晋"晋率善羌伯长"铜印

195 晋"平西将军"铜印

196 晋"部曲将印"铜印

197 南朝"周承公"六面铜印

199 宋"许申之印"玉印

200　　宋"平安家书"铜印

201　　宋"番禺县尉司朱记"铜印

202　　元"鲍记""王记"等花押铜印

203　　明"太上老君敕"铜印

204　　清"伍氏紫垣"玉印

206　　清"南海伍氏"铜印

207　　清吉语铜印

208　　清黎简"有此伤心人"铜印

209　　清温汝遂印章

210　　清谢景卿印章

211　　清陈兰甫章

212　　清区赉印章

213　　清朱执信印章一组

钱币

217　　战国"安阳"平首方足布

218　　秦"半两"铜钱

220　　汉"五铢"铜钱

221　　新莽"一刀平五千"刀币

222　　新莽"货泉"铜钱、
　　　　新莽"布泉"铜钱

223　　三国吴"大泉二千"铜钱

224　　唐开元通宝"广"字铜钱

225　　南汉"乾亨重宝"铅钱

226　　宋"大观通宝"铜钱

227　　宋御书"元宝"铜钱

228　　金"泰和重宝"铜钱

229 明孟加拉银币、
明威尼斯银币

231 清"通宝"类铜钱

233 清康熙二十钱局记地诗花钱

235 清吉语压胜钱

237 民国黄花岗纪念币

其他类

239 北魏"皇兴五年"铜弥勒像

241 南朝"曹道文"铜菩萨像

242 元"沅州路学"铜簠

244 元"大德八年"铜权、
元"大德九年"铜权

246 清银透雕双龙戏珠人物四季花卉纹提篮、
清银錾喜上眉梢山水人物诗文图竹节茶壶

248 清"宣统三年"消防水车、
清铜水枪

250 清邹伯奇制周行日晷

252 清邹伯奇所用铜纪限仪

253 清蔡缪綵制铜浑天仪

255 民国革命军功牌

256 民国广东陆军庚戌起义纪念章

257 民国黄埔军校干部教导队毕业纪念章

258 民国"何辉记"铜秤码

260 民国广州市工务局铁沙井盖

262 **参考书目**

263 **后记**

铜器篇

在传统文物分类法中，铜器是一大类，其中又以夏商周三代青铜器为大宗。狭义而言，铜器即指青铜器，因其出现年代较早且历史价值、艺术价值较高，历来为人们所珍视。青铜器之有铭文者，则是愈加珍贵，常用以考辨文字之演化及史志之阙略，足徵文献，已成专门之学。铜器中的铜镜一脉，源远流长，自成体系，不同时期铜镜的形制、纹饰与铭文皆各具特征，文华毕现，精彩纷呈。本篇甄选馆藏商至秦有铭青铜器及历代铭文铜器，从中可窥见古代器物上的文字出现、演变过程及其丰富内涵。

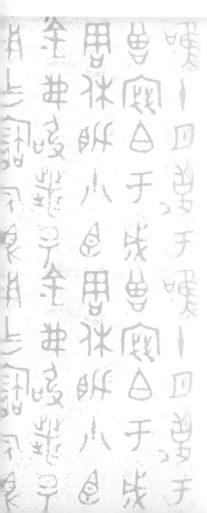

■商至秦青铜器

　　本单元所辑录商至秦青铜器，大部分为中国著名金石学家、古文字学家容庚所捐赠。容庚捐赠的这批青铜器及其铭文在容庚《颂斋吉金图录》《颂斋吉金续录》《商周彝器通考》等专著中均有辑著，其他一些金石考古著作亦有辑录或考略。本单元所辑录的青铜铭文归属中国古代传统"金文"范畴，上迄商、周，下至秦朝，不仅可察文字及词语之演变，亦可据以考稽古史，诸如周穆王祭祀父昭王而赏赐功臣剌以朋贝；宓伯于成周受赐金（铜）而铸鼎；周夷王册命郘盨继承祖司徒职事；季宫父为仲姊孃姬制作陪嫁的宝簠。此外曾国职官曾大保铸盆，可补古曾国之遗事；以鸟虫书镌刻之"越王"剑，可为吴越往事增辉。至于广州出土铭文秦戈，足徵秦平岭南之重大史事。

商"子系"铜爵

商代青铜器，河南安阳出土，容庚捐赠。爵通柱高19厘米，由尾至流广16厘米，腹广8厘米，深9.3厘米。腹饰饕餮一周。色枣红，有绿锈。鋬内有二字铭文：

子系

"子系"是器主之名。商代有"诸子"之器，金文格式为"子某"或"某子"，一般认为是王或族长之子。

爵是中国最早出现的青铜礼器之一。《说文·鬯部》："爵，礼器也，象爵之形，中有鬯酒。又持之也，所以饮器象爵者，取其鸣节节足足也。"《说文》所云"象爵者"，借爵为雀，爵、雀古字通。战国时期陶爵似杯形，一侧有曲柄，另一侧饰仰首卷尾的鸟，其前饰有一鸟，此或即《说文》"象爵者，取其鸣节节足足"之说的由来。器见《辉县发掘报告》之"陶鸟彝"，器形同于西周白公父爵，但白公父爵并没有雀形为饰。传世东周青铜爵中亦个别有作此形状者。《说文》所解释之爵，或兼括早晚形式，字形有早期象形的迹象，而解释为雀之鸣节节足足，乃取东周饰雀的饮器。

爵与其他器的组合，《仪礼·特牲馈食礼》载二爵、二觚、四觯、一角、一散（斝）。青铜爵在二里头文化中开始出现，未发现成组。商代墓葬中随葬青铜饮酒器最低限度为一爵，有一爵、一觚成组合，也有爵与斝单独成组合的，最大的青铜爵群出土于殷墟妇好墓，有数种形式的爵四十器。用途见于铭文的仅白公父爵（《集成》09935）："白公父作金爵，用献用酌，用享用孝。"前人以为商周之爵是否即《仪礼》记载中所用之爵，尚未可知。今由铭文证明，爵为用于飨饮酌酒之器。青铜爵一说可用于烹煮酒或温酒，少数爵之杯底有烟炱痕，但绝大多数是没有烟炱痕迹的。且三足入火稍久，青铜中的锡即易析离而损坏器表，故多数纹饰精美之爵作为煮酒之温器的可能性不大。

　　爵的一般形状，前有流，即倾酒的流槽，后有尖锐状尾，中为杯，一侧有鋬，下有三足，流与杯口之际有柱，此为商和西周早期爵的共同特点。

商 "子系" 铜爵

南�珠玑 广州博物馆典藏铭文刻辞类文物选

商"父癸"铜爵

商代青铜器，河南安阳出土，容庚捐赠。爵通柱高 21 厘米，前柱 20.3 厘米，由尾至流广 16.7 厘米，腹广 8.3 厘米，深 9.3 厘米。色枣红，有红绿锈。鋬内有四字铭文：

⊞册父癸

为祭祀父癸做的爵。金文中有"册""作册"，商代已设置此官职。商中期常以"族名＋册"的金文格式表示部族册官。父癸出自"⊞"族，担任作册或册的官职，负责文件的起草、传达等。

商"父癸"铜爵

商"毕"铜铙

商代青铜器，河南安阳出土，容庚捐赠。通柄高17.7厘米，柄长9.7厘米，柄口径约2厘米；腹两旁高8厘米；口横10.3厘米，纵7.7厘米；唇广0.67厘米。中通，腹前后作饕餮纹，色墨绿。此器柄特长，可平持，与它器异。口内侧有一字铭文：

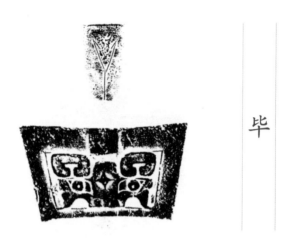

毕

"毕"可能是作器者名或者做器者名。

铙是中国最早使用的青铜打击乐器之一，过去又称为钲、铎或执钟，流行于商代晚期。其形似钟而狭长，有长柄可执，直击而鸣，多用作行军乐器，与鼓一起组成"鼓铙"，如《周礼·地官·鼓人》："以金镯节鼓，以金铙止鼓。"也用于祭祀和宴乐。

铙可以分为小型铙和大型铙。今河南、陕西等地多出土商和西周早期的小型铙，由几件构成编铙，三件一组最常见。大型铙主要出土于湖南、江苏、浙江、福建等南方地区，而以湖南宁乡出土最多。目前发现最大的铙是1983年在湖南宁乡月山铺出土，其通高103.5厘米，重221.5千克，现藏长沙市博物馆。1978年宁乡县老粮仓北峰滩出土的一件铙，残高84厘米，重154千克。此铙体内腔近口沿处的两内壁上，各饰有两只卧虎，颇有特色。大型铙的主纹常由变形的大兽面或对称的卷体龙纹组成，主纹四周有边框，框边饰有半浮雕的鱼纹、虎纹、象纹、火纹等。口沿中部常饰有虎纹、象纹或双尾龙纹。大型铙出土时基本上无伴存物，因而时代确断甚为困难，根据形制及纹饰特征，一般认为其年代为商代晚期至西周早期。

南越璨环 广州博物馆典藏铭文刻辞类文物选

商"毕"铜铙

商"父丁"铜簋

商代青铜器，河南安阳出土，容庚捐赠。高15厘米，口径19厘米，腹径18厘米，重1.88千克。腹壁有四字铭文：

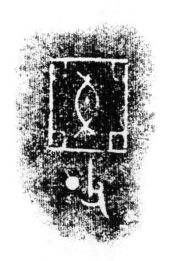

亚束父丁

意即亚束贵族为逝去的父丁铸作的簋。束，或释为橐。商代先公先王自上甲以下，都以甲乙丙丁等十干纪日制符号为名。卜辞所见王室先妣及其他成员也都用同样的名号。"亚束"，学界认为是复合式族徽，郭沫若谓"此等图形文字，乃古代国族之名号，盖所谓'图腾'之孑遗或转变也"。商代青铜器铭文通常仅书勒族名和祭祀对象之名。

商"父丁"铜簋

周"剌"铜鼎

西周青铜器，容庚捐赠，著录于《颂斋吉金续录》《捃古录金文》《善斋彝器图录》。通高 19 厘米，口径 17.5 厘米，腹径 18 厘米，重 2 千克。圆腹，三柱形直足，两直耳，器口边沿饰鸟纹一周。内壁有六行共五十二字铭文：

唯五月王才衣辰才丁

卯王啻用牡于大室

啻卲王剌御王易剌

贝卅朋天子万年剌对

扬王休用乍黄公尊

鼎彝其子子孙孙永宝用

铭文大意是：五月，穆王祭祀其父周昭王，用公牛作牺品。剌（人名）参加了祭祀，因辅助周穆王有功，受到穆王赏赐贝 30 朋（10 贝为 1 朋），剌感到莫大光荣。为颂扬穆王的美德，便制作此鼎，把这事铭记于器上，并要其子孙代代相传。"用牡于大室"，指用公牛作牺牲祭祀先祖。牡原指公牛，后引申为雄性动物之通称，取代其他表雄性的专名用字。《诗·邶风·匏有苦叶》："雉鸣求其牡。"

鼎是青铜礼器中的主要器类，有烹煮肉食、实牲祭祀和宴飨等用途。在古代社会，鼎被当作"明尊卑，别上下"的等级与权力的标志。据古代礼书记载，周代天子用九鼎，诸侯七鼎，卿大夫五鼎，元士三鼎。作为主要的礼仪用器，其使用一直持续到战国晚期。东周晚期，用鼎制度逐渐消失。

周"剌"铜鼎

周"易"铜鼎

周代青铜器，山西洪洞县境出土，刘镜古旧藏，容庚捐赠，著录于《颂斋吉金续录》《攈古录金文》《善斋彝器图录》。通高 23.5 厘米，口径 21 厘米，腹径 22 厘米，重 3.61 千克。双直耳，直口，圆腹，平底，柱形足。器腹部饰云雷纹，制作较精细，具有中国青铜艺术成熟阶段的特点。器内有二十五字铭文：

用乍宝旅鼎
金弗敢发易
周休眦小臣
曾宓白于成
唯十月吏于

铭文大意是：十月，易出使曾国，宓伯在成周授赐珍贵的铜，不敢懈怠，制作宝鼎以为纪念。

该铭文中的"曾"，很可能是位于今湖北随州的姬姓曾国，也即随国。此与曾大保铜盆皆为姬姓曾（随）国器。铭云"宓伯于成周，遣易使于曾，归而受赏。易弗敢忘宓伯休，因而作器"。

周 "易" 铜鼎

周"立"铜鼎

周代青铜器，容庚捐赠，著录于《颂斋吉金续录》。高 21 厘米，口径 17 厘米，腹径 9.5 厘米。圆形，双立耳，三足，素面。腹内壁有五字铭文：

立乍宝尊彝

"立"是作器者之名；"彝"指祭祀礼器，又泛指青铜礼器；"某某"乍（作）"某某"宝尊彝，是周代青铜铭文常见的行文格式，意即某人为某人制作礼器。

周"立"铜鼎

周"叔"铜鼎

　　周代青铜器，河南洛阳出土，容庚捐赠，著录于《颂斋吉金续录》。器高 20 厘米，口径 17.5 厘米，腹径 18 厘米。圆形，两耳，三足。内壁有四字铭文：

叔乍尊鼎

　　"叔"是作器者之名。

　　叔，从金文字形上看其原意是从地下掘取茎类作物。《说文》："叔，拾也。从又，术声。汝南名收芋为叔。"郭沫若《两周金文辞大系考释》："叔字，以金文字形而言，实乃从又持戈以掘芋也。"后衍义成人世兄弟排行次序，也用作人名。

周"叔"铜鼎

周"钟伯侵"铜鼎

周代青铜器，陕西出土，容庚捐赠，著录于《善斋彝器图录》。鼎通耳左高 32.7 厘米，右高 32 厘米，腹后高 27.7 厘米，前 26.3 厘米，深 21.3 厘米，口径纵 25.7 厘米，横 24.7 厘米，耳广 6 厘米。腹有蚡曲纹一周。色黑，有红绿斑。腹部有五行二十五字铭文：

唯正月初吉
己亥大师钟
伯侵自作
石沱其子子孙孙
永宝用之

铭文大意是：正月的第一个己亥，太师（按：铭文为"大师"，应为"太师"）钟伯侵自铸此宝鼎，要世代留传永远享用。"石沱"为鼎之别名，除见于本铭者外，尚有三器：一为褱鼎（《集成》02551），铭云："褱自飤××，其眉寿无期，永保用之。"二为羕（养）伯鼎（《集成》02622），铭云："唯羕（养）伯粦自作宝石盨，其万年无疆，子子孙孙永宝用之。"三为楚旐鼎（《新收》1197）："楚旐之石沱。"

周"钟伯侵"铜鼎

周"齐史疑"铜觯

　　周代青铜器,容庚捐赠。器高11厘米,口径8厘米,底径7.5厘米。圆形,敞口圈底,腹内壁有八字铭文:

齐史疑乍
且辛宝彝

　　铭文大意是:齐史疑为祖辛做的宝觯。作器者疑为齐国的史官。另有一件同铭铜器收藏在北京故宫博物院。

　　觯是古代饮酒用的器皿,青铜制,形似尊而小,或有盖,是中国古代传统礼器中的一种,做盛酒用,流行于商朝晚期和西周早期。从字形特征不难看出,这类酒具大多源于上古兽角制作的水器。《礼记·礼器》:"尊者举觯,卑者举角。"郑玄注称:凡饮酒时,"三升曰觯"。青铜器中习称的觯有两类:一类是扁体的,一类是圆体的。此两类器在商代晚期和西周早期皆有,后者沿用至东周。圆腹,侈口,圈足,形状小瓶,大多数有盖。这种形状的觯多为商代器。西周时有作椭方形而四角圆的。春秋时演化成长身、侈口、圈足觯,形状像觚,铭文自称为"鍴"[如徐王义楚鍴(《集成》06513)]而不叫"觯"。

周 "齐史疑" 铜觯

周"息伯"铜卣

　　周代青铜器，河南洛阳出土，容庚捐赠，著录于《颂斋吉金续录》。器高25厘米，底径16.5厘米。缺盖，口椭圆，腹部前后及提梁两端作羊首形。内壁铸有十七字铭文：

唯王八月息白
易贝于姜用
乍父乙宝尊彝

　　铭文大意是：八月，（王）姜赏赐给息伯贝币，息伯用来做祭祀父乙的宝卣。

　　此外，还有件同铭的息伯卣盖（《集成》05385），形制与失盖的息伯卣器不同，当分属同时制作的两件卣。

　　卣常见于商朝和西周时期，通常商朝的卣多椭圆形，西周则多圆形。西周卣承商代形制而有所变化，其中最有特色的是鸟兽形卣。鸟兽形有提梁的容酒器，一般统称为鸟兽形卣。古文献和铜器铭文常见"秬鬯 一卣"，秬鬯是古代祭祀时用的一种香酒，卣在盛酒器中是重要的一类，考古发现的数量很多。器形是椭圆口、深腹、圈足、有盖和提梁；腹或圆或椭或方，有也作圆筒形，作鸱鸮形，或作虎吃人形等。

周 "息伯" 铜卣

周 "作母" 铜尊

周代青铜器，容庚捐赠。器高 15 厘米，口径 15.5 厘米，底径 13.5 厘米。颈部饰饕餮纹，前后作兽首。内壁有四字铭文：

乍母尊彝

铭文大意是：祭祀母亲作的宝尊。

尊，今作樽，是商周时代一种大中型盛酒器，盛行于商代至西周时期，春秋后期已经少见。较著名的有四羊方尊。商周至战国时期，还有另外一类形制特殊的盛酒器——动物形尊。这种尊通常呈鸟兽状，有羊、虎、象、豕、牛、马、鸟、雁、凤等造型。《周礼·春官·司尊彝》："春祠夏禴，裸用鸡彝鸟彝……追享朝享，裸用虎彝蜼彝。"动物形尊纹饰华丽，在背部或头部有尊盖。

周 "作母" 铜尊

周"任氏"铜簋

周代青铜器，容庚捐赠，著录于《颂斋吉金续录》。高 13 厘米，口径 19 厘米，腹径 17.5 厘米。圆形，有耳，腹部前后有兽首，两耳饰作兽首形。腹内壁有五字铭文：

乍任氏从殷

铭文大意是：任氏制作的簋。

乍，即"作"之本字。《说文》："作，起也。从人，从乍。"按：甲、金文均作"乍"，不从人。以后加人旁，分化为二字。此处指生产的意思。

周"任氏"铜簋

周"齐嬗姬"铜簋

　　周代青铜器,容庚捐赠,著录于《颂斋吉金续录》。高 23 厘米,口径 18 厘米,腹径 24.5 厘米。该器有盖,两兽形耳,圈足,下立三小兽足,盖、器口及圈足饰重环纹,器腹为瓦楞纹。腹内有十五字铭文:

年子子孙孙永用
宝簋其万
齐嬗姬乍

　　铭文大意是:齐嬗姬制作的宝簋,要世代永远享用。"嬗",容庚《金文编》引《说文解字》《汗简》以为"姪"字,"姪"同"侄"字,表亲属称谓。

　　簋是古代中国用于盛放煮熟饭食的器皿,也用作礼器,盛放祭品。流行于商朝至东周,是中国青铜器时代标志性青铜器具之一。《周礼·地官·舍人》:"凡祭祀,共簠簋。"古籍中多写作"簋",而铜器自铭则常为"殷"。青铜簋器物造型形式多样,变化复杂,有圆体、方体,也有上圆下方者。早期的青铜簋跟陶簋一样无耳,后来才出现双耳或四耳簋等各种形式,部分簋上加盖。簋是商周时重要的礼器,宴享和祭祀时,以偶数与列鼎配合使用。史书记载,天子用九鼎八簋,诸侯用七鼎六簋,卿大夫用五鼎四簋,元士用三鼎二簋。据《礼记·玉藻》记载和考古发现而知,簋常以偶数出现,如四簋与五鼎相配,六簋与七鼎相配。

闲宇珠玑 广州博物馆典藏铭文刻辞类文物选

周"齐嫚姬"铜簋

周"郐盨"铜簋

　　周代青铜器，高15厘米，口径23厘米，腹径21.5厘米，足径19厘米，重4.3千克。鼓腹、圈足、侈口，腹部和圈足各有夔龙纹两周，腹部的龙纹上有兽头两只，两环耳作兽头状。器内底部有五十字铭文：

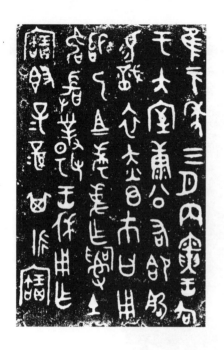

唯元年三月丙寅王各
于大室康公右郐盨
赐戠衣赤环市曰用
嗣乃祖考事乍嗣土
盨敢对扬王休用乍
宝毁子子孙孙其永宝

　　铭文大意是：元年三月丙寅，周夷王册命郐盨继承父祖司徒的职位，并赐予织衣和赤市，制作宝簋以纪念此盛事，希望世代留传享用。这是周夷王期间的一则册命，"册命"是西周时期的一种任命、赏赐官员的制度，是周礼的重要组成部分。"赤市"即"赤韨"，是周诸侯和卿士穿戴的一种红色的礼服；"嗣土"即"司徒"，为上古官职。

周"郘盨"铜簋

周"嬴霝德"铜簋盖

周代青铜器，容庚捐赠。簋盖高 7.7 厘米，深 4.3 厘米，足径 8.3 厘米。墨绿色，口缘作凤雷纹一周。内腹有六字铭文：

嬴霝德

乍𣪘簋

《说文》："𣪘，设饪也。从卂、食，才声，读若载。"此从由声。坪夜君成鼎（《集成》02305）云："坪夜君成之载鼎。"载与𣪘义同。《说文》从由之字二十二，而独无由字。王国维作《释由》二篇，证 × 之为由，其说至确。王国维说："考此字古文作㞢，篆文亦或如之，其变而为隶书也，乃屈曲其三直，遂成甾字，后人不知其为古文㞢字之变，以其形似甾，遂以甾之音读之，实则此音毫无根据也。"容庚指出："今以此𣪘即𣪘字及子陕□之孙鼎'行𣪘'作'行㞢'证之，则㞢之读侧字反、侧词切并非毫无根据，而王国维之说有未尽也。"武进陶祖光藏嬴霝德小鼎（《集成》02171）铭云："嬴霝德作小鼎。"与此簋乃一人所作。

周“嬴霝德”铜簠盖

周"季宫父"铜簋

周代青铜器,容庚捐赠。通高 10.5 厘米,口长 30.5 厘米,宽 24 厘米,足长 19.5 厘米,宽 15 厘米。内腹有二十字铭文:

季宫父乍中姊
孃姬媵簋其万
年子子孙孙永宝用

铭文大意是:季宫父为仲姊孃姬制作陪嫁的宝簋,要世代留传享用。"中"同"仲"字。此铜簋是媵器,即陪嫁品,铸器作女子陪嫁之习俗,流行于西周晚期到春秋时期。媵辞金文格式一般为时间、某人为某人制作媵器及祝愿辞三部分,该簋铭文省略时间。

簋是中国古代祭祀和宴飨时盛放黍、稷、粱、稻等饭食的器具,文献中又称"胡"或"瑚"。《周礼·舍人》:"凡祭祀共簠簋。"簋的基本形制为长方形器,口外侈,腹下收,下有四矩形短足。上有盖,盖与器形状相同,上下对称,合成一体,分则为两个器皿。簋出现于西周早期,主要盛行于西周晚期至春秋时期,战国晚期以后消失。一度与鼎、豆等重要礼器放在一起的铜器组合之一。其用途与簋相仿,属食器。因在祭祀时用于盛稻粱,故称"祭祀盛粱器具"。

周 "季宫父" 铜簠

周"铸客"铜簠

　　战国楚青铜食器,1933年安徽寿县李三孤堆出土。通高12厘米,口长31.5厘米,宽22厘米,足长26厘米,宽15厘米。器为长方形,圈足,下部向内收敛,通体饰蟠虺纹。器口内沿有九字铭文:

铸客为王句六室为之

　　铭文大意是:铸客所铸此器为王句(后)的第六室所使用。"铸客"是铸官之称;"王句(后)"是人名,或认为是楚幽王的王后;"六室"即第六室或第六宫。此器纹饰刻镂精细,图案均匀轻巧,具有中国古代青铜艺术后期的风格。

周 "铸客" 铜簠

周 "铸叔" 铜簠

周代青铜器，容庚捐赠。通高 8.5 厘米，口长 27 厘米，宽 23.5 厘米，足长 17 厘米，宽 14.5 厘米。器为长方形，圈足，下部向内收敛，通体饰蟠螭纹。器盖及器内有十五字铭文：

铸叔乍嬴
氏宝簠其
万年眉寿
永宝用

铭文大意是：铸叔为嬴氏制作宝簠，要世代永远享用。"眉寿"意谓长寿，为两周习见祝嘏辞，后世"眉寿无疆""眉寿万年"等祝辞即从此出。

周 "铸叔" 铜簠

周"孟辛父"铜鬲

周代青铜器，清光绪二十五年（1899）陕西岐山出土，容庚捐赠，著录于《陕西金石志》《善斋彝器图录》《颂斋吉金续录》《殷周青铜器通论》。器高 13.3 厘米，口径 17.5 厘米，腹径 15 厘米，重 1.52 千克。方唇，宽沿，束颈，三蹄足，腹部饰波带纹（今称"山"字纹），有三扉棱。器口沿有二十字铭文：

□□孟辛父乍孟姬宝尊鬲
其万年子子孙孙宝用

铭文大意是：孟辛父为女儿孟姬制作的宝鬲，要世代留传永远享用。首二字不可识。"孟辛父"为人名，即作器者。

鬲是炊器，亦是礼器。《尔雅·释器》说："鼎款足谓之鬲。"《汉书·郊祀志》称鼎"空足为鬲"，所以鬲的形制与鼎近似，而空足，与腹腔相通。

青铜鬲最初是依照新石器时代已有的陶鬲制成的。其形状一般为侈口（口沿外倾），有三个中空的足，便于炊煮加热。鬲流行于商代至春秋，西周较为盛行，多数折沿，锥足，弧裆，多无耳；春秋战国，随葬的铜鬲常以偶数的组合与铜鼎一起使用。

此鬲文字之多，色泽之雅，花纹之美观，形制之浑厚，为周鬲中之上品。《陶斋吉金录》著录一器（《集成》0738），与此鬲同时出土，铭文于"宝"字上多一"永"字。

周"孟辛父"铜鬲

周"宄祁"铜鬲

周代青铜器，陕西凤翔出土，容庚捐赠。通耳高 18.7 厘米，体高 16.3 厘米，深 10.3 厘米，口径 19.7 厘米。款足，腹作耳环带雷纹附耳，有三棱，色褐黑。口内缘有十一字铭文：

宄祁乍尊鬲其万年永宝用

铭文大意是：宄祁做的铜鬲，要世代相传。作器者宄祁是嫁往宄国的祁姓女子。

周"郏祁"铜鬲

周"曾□壬母"铜钟

周代青铜器，容庚捐赠，著录于《颂斋吉金续录》《善斋彝器图录》。通高 15.7 厘米，纽高 4 厘米，栾高 11.7 厘米，两铣相距 9.7 厘米，鼓间 8 厘米。舞上及纽作云纹，鼓上花纹残渤。色墨绿。其上有二十二字铭文：

唯正月吉日丁亥，曾□壬女择吉金，自乍禾童，枼枼亡疆。

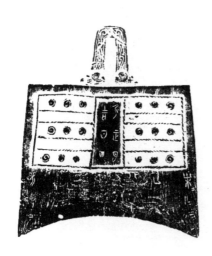

铭文大意是：在正月吉日丁亥这天，曾□壬女（母）用贵重金属，制作了钟，希望能永远享用。

铭文为凿刻而非铸成，"女（母）"下缺一字疑是"为"字。"禾童"即"龢钟"之省。

周 "曾□壬母" 铜钟

周"曾大保"铜盆

周代青铜器，容庚捐赠，著录于《颂斋吉金续录》《善斋彝器图录》。高 12 厘米，口径 27 厘米，底径 15 厘米，重 2.3 千克。圆形，两兽耳，腹饰窃曲纹。盆内有二十一字铭文：

曾大保盠叔
盠用其吉金自乍旅
盆子子孙孙永用之

铭文大意是：曾太保盠叔盠，用贵重的铜制作盆，希望子孙世代相传，永远享用。"曾大保"即曾太保，曾国职官名，"盠叔"是其字，"盠"是其名。容庚指出："器之以盆名者仅此，可证晋邦盠、子叔嬴内君器皆当以盆名之。曾其国，大保其官，盠其字，盠其名也。"可见此器在商周青铜器中独特的历史价值，后来出土的郑子行盆、樊君夔盆等均自铭为盆，表明这类器物在当时确实名为盆。

周 "曾大保" 铜盆

周"越王"铜剑

周代青铜器，陕西关中出土，容庚捐赠。剑长5.5厘米，身长44.3厘米，茎长10.7厘米，剑格长5厘米。品相完好，水银古色，上有绿锈，锋锷锐利。剑格两面左右各铭有双钩鸟形二字铭文：

王
戉

铭文大意是：越王。

1931年秋，容庚得此剑于北京式古斋。初释为"王戉"，以为即《史记·秦始皇本纪》之卿王戉也。1932年夏历除夕，为友人于省吾易去，载于《双剑誃吉金图录》。后于日人原田淑人所著《周汉遗宝》一书中见到"戉王矛"，乃悟此剑当释"戉王"，倒读则为"王戉"，心窃惜之。1937年春，容庚得师旂鼎于善斋，于省吾复来索让。容庚告之曰："必归余故剑，鼎乃出。"当其时，于省吾急于得此越王剑，俪以敌王夫差剑，以名其斋"双剑誃"。然以爱鼎之故，强以此剑归容庚，容庚之喜可知也。其后容庚著《鸟书考》，遂称此为越王剑。

鸟虫书，亦称"虫书""鸟虫篆"，属于金文里的一种特殊美术字体，是春秋中后期至战国时代盛行于吴、越、楚、蔡、徐、宋等南方诸国的一种特殊文字。东汉许慎《说文解字·叙》："鸟虫书，所以书幡信也。"清代段玉裁注："鸟虫书，谓其或象鸟，或象虫，鸟亦称羽虫也。"此种文字多用于兵器。汉代瓦当、印章中亦有发现。东周时多刻于兵器上。秦书八体中有："虫书"，新莽六书中有："鸟虫书"，用于旗帜、符信，也作印章文字。颇似后来的图案字、美术字。

周 "越王" 铜剑

秦"十四年属邦"铜戈

1962年广州市区庄螺岗西汉墓出土。通长26厘米，援长16.3厘米，两面刻有十三字铭文：

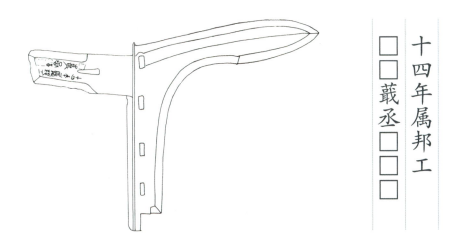

十四年属邦工
□□戠丞□□
□

该戈当为秦王嬴政十四年（前233）铸。"属邦"，官署名，主管附属国事务的机构，始置于战国，秦汉沿置。汉避高祖刘邦讳，改称属国或典属国。工师名为"戠"，由于"丞"字后诸文无法辨别，主持铸造者则无从考究。秦制，凡国家铸造兵器，均需刻上官署及其负责人甚至工匠的名字，严格管理，保证质量，这种制度史书称为"物勒工名"。后"秦乃使尉佗将卒以戍越"，此戈随着南下的秦军进入蕃禺（即番禺，今广东广州），是秦平岭南中一件有绝对纪年的器物。此铜戈无论从形制、铭文体例、字体结构，都与湖南长沙秦墓出土的"四年相邦吕不韦戈"相同，推测同样是秦统一中原后南征将士所执之兵器。

秦"十四年属邦"铜戈

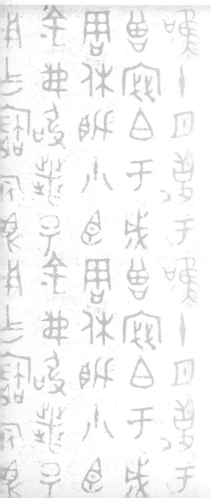

■铜镜

　　本单元所辑汉至清代有铭铜镜为出土或传世文物，从器形规制以至铭文特征，可大致展现中国古代铜镜演变历程。汉镜铭文辞藻华丽敷扬，可徵乐府歌谣之属类，亦可考察汉代文体流变以及世俗巫道状况；宋镜铭文常具浓厚商业广告性质，亦具鲜明的产地特色，反映宋代手工及商贸情形；明清镜铭文多箴辞祝语，以镜寓理，劝善抑恶。又有清人仿造汉镜者，可窥见清代文玩好古仿古之风气。

汉"见日之光"铜镜

广州汉墓出土。圆形,直径 10.3 厘米。纽残缺,座外饰一小方格和一凹面大方格,方格四外角各伸出双瓣一苞花枝纹,四乳钉及桃形花苞两侧各饰一对称单层草叶纹。双方框间铸有八字铭文:

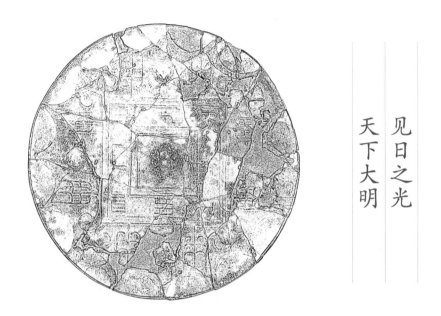

见日之光
天下大明

此类铜镜纹饰基本一致,考古出土或传世者较多,可见当时数量大流传广,历代金石图籍也多有辑录。民国刘体智《小校经阁金石拓本》收录有此类铜镜十余面,规格纹饰基本相同,铭文各有小异,或曰"见日之光,天下大明",或曰"见日之光,天下大阳",或曰"见日之光,长毋相忘"。

中国是世界上最早使用铜镜的地区之一,铜镜因镜背多有精美图案铭文纹饰,成为古代青铜器中独成体系的精美工艺品。铜镜背面铸铭文是战国晚期出现的一种新式样。经过西汉早期的发展,至汉武帝以后,铭文逐渐成为铜镜纹饰的重要组成部分,成为汉代铜镜一个显著特征。圈带铭文镜主要流行于西汉中晚期,是西汉铭文镜中一个主要门类。此类镜以环状铭文带为主要装饰纹样,分单圈铭文镜与重圈铭文镜;按铭文内容可分为昭明镜、日光镜、清白镜、铜华镜、日有熹镜、毋忘镜等。其中最常见者当为昭明、日光二镜,多为汉尺六寸以下的小镜,数量最多,流传最广。

汉 "见日之光" 铜镜

汉"内清以昭"铜镜

广州市海珠区大元岗汉墓出土。圆形，直径 11 厘米。素宽缘，圆球纽，圆纽座，座外一周铸饰凸弦纹圈及一周内向八连弧纹带，连弧间有简单的纹饰，其外两周短线斜纹之间铸有二十一字铭文：

内而清而以而昭
而明而光而夫而
日而月而不而泄

铭文赞誉此镜清莹明亮，其光彩如同日月一样照耀无极。一般认为铭文中的"而"形应是铭文中间的间隔装饰，不宜释读作"而"字。字体方整，属篆隶式变体。

汉 "内清以昭" 铜镜

汉"长相毋忘"铜镜

广州市柳园岗汉墓出土。圆形，直径 8.8 厘米。三弦纹纽，匕缘，纽外分凹面形方格及大方格两区域，两方格内为铭文带。纹饰由地纹与主纹组成，地纹为圆涡纹及斜行短线纹，主纹由一正二反向的 C 形魑纹构成，但 C 形中间没有乳钉纹。有十二字铭文左旋，每句从四边角起始，连读为：

常与君
相欢幸
毋相忘
莫远望

铭文祝愿天下有情人相依相伴、恩爱缠绵，寄寓着人们对真诚爱情的珍视和向往。汉初至魏晋南北朝时期的铜镜铭文较多且复杂，但在内容上又具有明显的一致性，大体上可分为吉语祝词、相思情语、夸耀炫词、纪年铭文等几种，往往有几种表现形式兼而有之。

汉"长相毋忘"铜镜

汉 "长宜子孙" 铜镜

　　圆形，直径 22.5 厘米。圆纽，柿蒂四叶纹纽座，座外一周内向八连弧纹圈带，连弧之间有简单的纹样；两周短线纹（也称栉齿纹、辐射纹）中铸饰数道弘纹及漩涡形纹；平素宽缘。蒂叶间铸有四字铭文：

长宜子孙

　　"长宜子孙"是汉镜常见吉语铭文，类似表述的还有"宜君子孙""宜子孙"等，反映了人们希望子孙兴旺、家业相传的愿望。

汉"长宜子孙"铜镜

汉 "宜君子孙" 铜镜

广州东汉后期墓出土。圆形，直径18.4厘米。圆纽，圆纽座。纽座与方框间布以九乳、几何线纹。博局纹间为青龙、白虎、朱雀、兽及八枚乳钉纹。圈带二十九字铭文曰：

> 泰言之记镜舒如，仓龙在左，白虎在右，辟去不阳宜古市，长宜君亲利孙子。

"泰"即"七"的古文，"泰言之记（纪）"即七言成韵的诗歌。整体意思是镜上写着赏心悦目的七言诗歌，青龙白虎护佑左右，避邪迎吉，益于尊亲子孙。现在一般公认的流传下来的最早文人七言诗，是三国时期曹丕的《燕歌行》，从此镜铭来看，至迟在东汉时期民间已出现并流行七言诗歌了。

汉 "宜君子孙" 铜镜

汉"涑冶铜华"铜镜

圆形，直径 11.5 厘米。圆纽，柿蒂四叶纹纽座；外一圈凸弧纹带，其外有八内向连弧纹带，连弧之间有简单的纹样；平宽素缘。两周短斜纹之间为铭文带，铸有三十二字铭文：

涑冶铜华清而明，以之为镜因宜文章，延年而益寿去不祥，与天毋极而日月之光。

此类汉镜学界称为"铜华连弧铭带镜"，江苏扬州东汉墓出土此类铜镜一枚，铭文相同。"涑"即炼，"冶铜华清而明"夸赞铜镜质量好，镜铭寄托了对延年益寿、长生无极的美好向往。

汉 "涑冶铜华" 铜镜

晋"元康三年"铜镜

西晋元康三年（293）铸造。圆形，直径 17.9 厘米，边厚 0.4 厘米，重 800 克。镜面微鼓，平缘略呈内斜，缘面饰弘纹三圈，内外各一圈栉齿纹，中为双线锯齿纹。半球形纽，纽外纹饰分三区，内区高浮雕三兽龙，其中两大夔龙分布左右，头角身鳞，互相对望，另一小夔龙来处其间。中区为鸟兽纹，以七乳钉纹相间隔。外区为一圈铭文带，共铸有三十六字铭文：

元康三年五月造大毋伤，左龙右虎辟不羊，朱鸟玄武顺阴阳，长保二亲乐富昌，寿敝金石如。

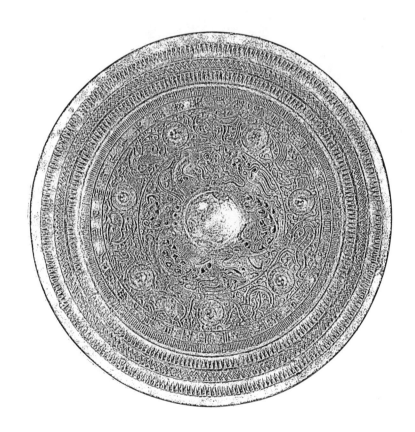

铭文内容为祝愿性质的吉语，道教谶纬氛围浓厚。文字中有笔画减省现象，如将"祥"字写作"羊"。此镜品相完好，立体感强，乃为晋南朝时期铜镜之精品。

晋"元康三年"铜镜

宋"湖州照子"铜镜

圆形，直径 11.5 厘米。纽残，柄残，素缘。纽右侧长方形框内有十字铭文：

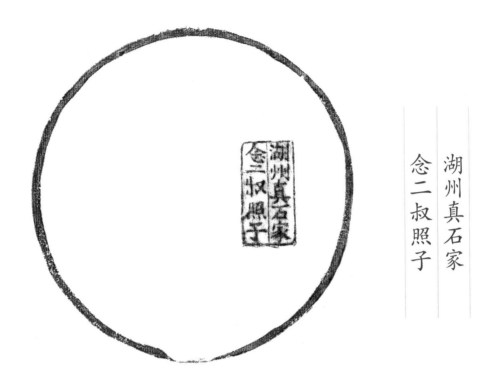

湖州真石家

念二叔照子

宋代（具体说是南宋）湖州一度是全国两大铸镜业中心之一（另一中心一说是鄂州，一说是成都），所铸铜镜世称"湖镜"。形制上有菱边形、圆形、方形、长方形、花瓣形等，镜背多素面或弦纹，最显著特点是其带有商业性质的广告式铭文。

从上铭文看，该铜镜应属私家作坊所铸，铸造者乃石姓之家。所谓"念（廿）二叔"，也有写"十八郎""三十郎"等，则是同宗同辈按长幼排行的次序，男子称某某郎，妇女称某某娘。宋人因避赵匡胤之祖赵敬讳，连同同音字"镜"也要避讳，于是便将"镜子"称作"照子"、"监子"或"鉴子"等。可能当时也有仿冒名优产品的行为，故在铜镜上又加铸"真"或"真正"的字样。

宋代铜镜在中国古代铜镜发展史上大体处于一个衰退时期，或由盛渐衰的过渡时期，其在总体上注重实用，不崇奢华，器体轻薄，装饰简单，湖州铜镜即是其突出代表。

浙江湖州（吴兴）地区出土铜镜最早有战国时期的，汉、三国、晋、南朝至唐镜屡有出土，虽无法确定其为湖州所造，但从"会稽镜""丹阳镜""越镜"这些称呼，再联系到吴越自古发达的青铜兵器冶炼技术，可以推知湖州镜制作之良好的基础。

铜镜中的纪年铭文自汉代即有，且历代不绝。至于纪地和纪人的铜镜铭文，宋代湖州铜镜铭文款应该算最早，或者是最早之一的了。山西省长治市博物馆收藏有一件北宋"隆德府"造的八卦铜镜，铸有"隆德府程家青铜监"铭，学者考证其铸于北宋徽宗年间（1101—1125），是隆德府（即长治）程家铸造的产品。从纪年墓出土的湖州镜看，湖州镜始铸于北宋晚期，盛行于南宋初期和中期，与上述隆德府铜镜制作时代相仿。

宋"湖州照子"铜镜

字字珠玑 广州博物馆典藏铭文刻辞类文物选

宋"饶州照子"铜镜

六出葵花形，直径 11.5 厘米。圆纽，素缘。纽右侧长方形框内有十二字铭文：

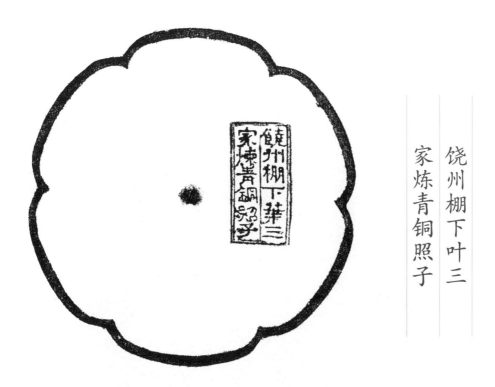

饶州棚下叶三

家炼青铜照子

宋代饶州（今江西鄱阳）为当时铸镜业重要产地，所铸造的铜镜多葵瓣形，也有圆形。一般多在镜背素地上标有铸镜字号，如"饶州□家夫妇□铜照子""饶州叶家久炼青铜照子""饶州叶家青铜照子""饶州□家巷周小三炼铜照子""饶州新桥许家清铜照子"等字号铭记，目前所见都为长方形印章式。

宋"饶州照子"铜镜

宋"茆八叔"铜镜

圆形，直径 9 厘米。圆纽，素缘。纽左侧长方形框有三字铭文：

茆八叔

参照此类铜镜铭文，完整的铭文应是"建康府茆八叔炼铜照子"。南宋建康府（今江苏南京）为东南重镇，一度作陪都，是仅次于临安的重要军事和政治中心。建康铸造的铜镜，形制有葵花形、菱花形和圆形等。一般多在镜背素地上铸有制镜字号，如"建康府茆家工夫镜""建康府茆家炼铜照子记""建康府茆八叔"等字号铭记，都为长方形印章式。此类"建康府"铭铜镜在江苏南京、安徽和江西等地都有出土，主要流行于江南地区。

宋"茆八叔"铜镜

宋"张明铁镜"铜镜、宋"黄家照子"铜镜

宋"张明铁镜"带柄铜镜，花瓣形，柄已缺，镜径 7.5 厘米。圆纽，素缘。长方形框内有四字铭文：

张明铁镜

宋"黄家照子"铜镜，八出葵花形，直径 19.5 厘米。圆纽，素缘。镜背面雕绘双凤飞舞及花卉草叶图纹，图案素面处铸有四字铭文：

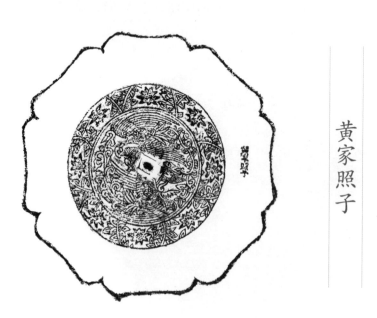

黄家照子

广州博物馆典藏铭文刻辞类文物选

该二铜镜铭文均未注明铸造地方，按此镜形制风格，应为宋代湖、杭、抚、饶一带所铸铜镜。

宋"张明铁镜"铜镜

宋"黄家照子"铜镜

明 "惊鸾凤舞" 铜镜

　　圆形,直径 23 厘米。圆纽,宝莲台蒂,内区铸饰瑞兽若干,或行或走,顾盼神飞。外区一圈阳铸四十字铭文:

　　明逾满月,玉润珠圆,惊鸾钿后,凤舞台前,生菱上辟,倒井澄莲,精灵应态,影逐妆妍,清神鉴物,代代流传。

　　以骈体文来作镜铭,四字一句,词语华丽,对仗工整,夸耀此镜形如满月,润如珠玉,制作精良,装饰华美,既可用又可赏,当珍视而流传。

明"惊鸾凤舞"铜镜

明"正其衣冠"铜镜

圆形，直径 7.9 厘米。素宽缘。内阳铸十六字铭文：

正其衣冠
尊其瞻视
明明德心
唯吾与尔

"正其衣冠，尊其瞻视"引自孔子《论语·尧曰》："君子正其衣冠，尊其瞻视，俨然人望而畏之。"指君子衣冠整齐，目不斜视。用在镜铭上，指铜镜有照容整饰的功用，同时劝谕要让美好道德充盈心灵。"明明德心，唯吾与尔"典出《大学》："大学之道，在明明德，在亲民，在止于至善。"镜铭意谓拥有使美德彰明的心意，只有我和你，此镜让我心灵明洁不染。

广州博物馆典藏铭文刻辞类文物选

明 "正其衣冠" 铜镜

明 "为善最乐" 铜镜

圆形，直径 8.5 厘米。桥纽，素宽缘。内阳铸楷体四字铭文：

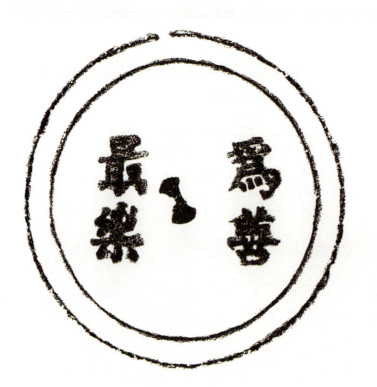

为善最乐

"为善最乐"是一句成语，意思是说做善事是最快乐的事。典出《后汉书·东平宪王苍传》："日（曰）者问东平王，处家何等最乐？王言为善最乐。"刘苍是刘秀的儿子，建武十五年（39）封东平公，十七年（41）进爵为王。刘苍博学多才，汉明帝对他很器重，每次外出巡视，都把京城交给他管理。刘苍虽然地位很高，却毫无骄奢淫逸的贵族习气，而且很关心百姓的生活，还常常提醒汉明帝，为东汉初年的"太平盛世"作出了重要贡献。由于他品德浑厚、待人至诚，声望也越来越高，他非常不安，多次请求辞去职务，想回他的封地东平国（今山东东平县），汉明帝拖了很久才答应。回东平后，刘苍仍对国家大事提了许多有益的见解。汉明帝很关心他，有一次问他在家里做什么最开心，刘苍回答说："为善最乐。"

明"为善最乐"铜镜

明"五子登科"铜镜

圆形，直径 21.6 厘米。圆纽，八卦图纽座，素宽缘。内阳铸行书四字铭文：

五子登科

"五子登科"典出后周窦禹钧教子有方，其五个儿子先后考中进士的故事。"五子登科"至明代才开始作为典故出现。明代科举空前繁盛，"五子登科"一典的宣扬盛传，作为吉语祝词，无疑是当时的政治思想和社会心理的反映。

明"五子登科"铜镜

明"状元及第"铜镜

圆形，直径 21.6 厘米。圆纽，素宽缘。内阳铸楷书四字铭文：

状元及第

　　"状元"制度始于唐代。状元及第殿试在唐代已有，至宋初才成为定制。唐武则天时，试贡举之士立于殿前，门下省长官奏状，名次最高者置于最前，因而称为状头，也叫作状元。自宋代起，沿用旧称，以殿试第一甲第一名为状元，状元这个名称才正式被沿用。《明史·选举志》云："一甲止三人，曰状元、榜眼、探花，赐进士及第。""状元"即科举考试殿试中第一甲第一名的贡生，赐"进士及第"的称号。"状元及第"是中国传统寓意纹样。明清时期，"及第"一词，特指科举考中进士，明清两代只用于殿试前三名，万中取一，自是了不起的大事，故有"天上麒麟子，人间状元郎"之誉。"状元及第"象征功名和高官厚禄。民间制作的"状元及第"铜镜，抒怀着普通百姓渴望在科举考试中考中状元，借此改变身份地位的希望。

明 "状元及第" 铜镜

清 "薛晋侯造" 铜镜

方形，边长 8.2 厘米。素宽边。内阳铸二十二字铭文：

既虚其中亦

方其外一尘

不染万物皆

备湖城　薛晋侯造

　　该镜铭文意在以镜喻人，教诲做人处世必须方正不阿，虚怀谦逊。像镜子一样，一尘不染，清白无污，方能洞鉴万物。"湖城薛侯晋造"表明造镜地址和店号。该类铭文自明代已有，清代沿用之。

　　"薛晋侯（惠公）造"铜镜是清代浙江湖州制作的一批知名产品，铸造它的"薛惠公老店"则是湖州私家造镜中最著名的一家作坊。薛晋侯造镜的年代，据同治《湖州府志·舆地·物产》载："薛名晋侯，字惠公，向时称薛惠公老店，在府治南宣化坊，近年玻璃盛行，薛镜久不复铸矣。"又据《浙江通志稿》载，嘉庆十九年（1814）清廷废止"岁贡嘉炉湖镜"之例，可推断薛镜盛产当在清代乾嘉时期。按形制分，薛镜有圆形、方形、圆柄形；按纹饰分，有素面、双龙图、双鱼图、百子图等。传世或考古发现薛镜主要见于《浙江出土铜镜》《中国铜镜图典》等籍，出土地主要有湖州、绍兴、金华、杭州等处。馆藏此镜即薛镜系列中之方镜一种，镜背面铸饰四句或六句韵语及款识，其铭文除上述外，还有"如日之精，如月之明；水天一色，犀照群伦。

苕溪（押）薛惠公造（押）""不璧而硅，万象能鉴；不照而光，一心百湛；些子本无，以虚为鉴。薛惠公造（押）"。

在清人笔记中，薛晋侯铜镜与曹素功制墨、吴大展刻字、顾青娘与王幼君制砚、张玉贤制笔齐名，在杭嘉湖一带颇负盛名。

清"薛晋侯造"铜镜

清"驺氏作镜"铜镜

圆形，直径 12.8 厘米。圆纽，素宽缘。内阳铸楷体四十二字铭文：

驺氏作镜四夷服，多贺国家人民息，胡虏殄灭天下复，风雨时节五谷熟，长保二亲得天力，传告后世乐无极。

清代仿古摹古风气盛行，此为清代仿铸汉镜式样。镜铭内容为汉代铜镜常见的吉祥祝愿语句，反映了对国家稳定、人民安居乐业的美好向往。"驺氏"是汉代私人铸镜作坊。

闲闲珠玑 广州博物馆典藏铭文刻辞类文物选

清 "驹氏作镜" 铜镜

清"黄盖作镜"铜镜

圆形，直径 13 厘米。圆纽，素宽缘。内阳铸楷体三十五字铭文：

黄盖作镜四夷服，多贺国家人民息，胡虏殄灭天下复，风雨时节五谷熟，长保二亲得天力。

清代仿古摹古风气盛行，此为清代仿铸汉镜式样。镜铭内容为汉代铜镜常见的吉祥祝愿语句，反映了对国家稳定、人民安居乐业的美好向往。"黄盖"是汉代私人铸镜作坊。荆州博物馆藏有汉至三国"黄盖作镜"铜镜一枚，铭文为"黄盖作镜甚有晴，国寿无亟，下利二亲，尧赐女为帝君，一母归坐子九人，辈盖富贵散玉尘，东王父，西王母，哀万民分"。陕西城固县出土有汉"黄盖作镜"一枚，铭文为"黄盖作镜大毋伤，左龙右虎辟不祥，朱雀玄武顺阴阳，子孙备具居中央，长保二亲兮"。

南宫璞玥 广州博物馆典藏铭文刻辞类文物选

清 "黄盖作镜" 铜镜

清"连生贵子"铜镜

圆形，直径 12.5 厘米。圆纽，素缘。铸有楷体四字铭文：

连生贵子

寄寓人们多子多孙、家族丁旺的愿望。从两汉到清，古人生育观一直是铜镜镜铭的重要题材之一。明清时期，铜镜的发展走向下坡路，"喜生贵子""连生贵子""早生贵子""百子千孙"等四字铭文镜占主体。

闲闲珠玑 广州博物馆典藏铭文刻辞类文物选

清 "连生贵子" 铜镜

清"松柏长青"铜镜

圆形,直径 7.8 厘米。圆纽,素缘。铸有楷体四字铭文:

松柏长青

其寓意人生如松柏一样长青不衰,又比喻坚贞高洁的情操胸怀。

宇宙璞玑 广州博物馆典藏铭文刻辞类文物选

清 "松柏长青" 铜镜

清"清闲"铜镜

圆形，直径 7.4 厘米。圆纽，素缘。铸饰四名儿童，或提灯笼，或骑竹马，一派
欢快景象，旁边配以灵芝祥云。铸有楷体二字铭文：

清闲

有清闲度日、含饴弄孙的美好居家寓意。中国古代传统社会中的士农工
商各阶层人等，都各司其业，一年到头忙碌奔波，以维生计，难得清
闲为人们一种普遍的生活愿望，是一种理想的生活状态，谚语说"五福惟求
寿，千金只买闲"，将"清闲"铸于镜上，以寄豫愿。

闲闲珠玑 广州博物馆典藏铭文刻辞类文物选

清"清闲"铜镜

鐵器篇

铁器也属中国传统金石类别之一种，因其容易锈蚀不便长久保存，古之铭文铁器留存较少，溯其时代，亦远不及铜器玉器。本篇收录馆藏铭文铁器中，五代南汉"芳华苑"铁花盆为时最早亦最珍贵，据此以见证南汉国都兴王府修建离宫别馆之境况；清初"平南王"铁钟所铸铭文记载了清军筹备攻陷广州城之纪实；"无着庵"铁钟则是清代广州尼庵唯一遗存实物；众多的明清广州铭文铁炮则保留了广州军事防务以及军器铸造机构、规格、时代等信息。

南汉"芳华苑"铁花盆

原为顺德吴荣光筠清馆旧藏，后辗转流徙，1956 年入藏广州博物馆。通高 29.7 厘米，口径 30 厘米。敞口，平底，下三矮足。盆身铸有隶书十九字铭文：

供奉
芳华苑永用
大有四年冬
十一月甲申
朔造

芳华苑，南汉兴王府苑囿之一。史称南汉刘氏豪奢极欲，多建离宫园囿，如《旧五代史》卷一三五《僭伪传·刘陟》："起玉堂珠殿，饰以金碧翠羽。岭北行商，或至其国，皆召而示之，夸其壮丽。"而此芳华苑，位置在今广州荔枝湾一带。宋方信孺《南海百咏》载："在千佛寺侧。桃花夹水一二里，可以通小舟，盖刘氏芳华苑故址也。"明黄佐《广东通志》所引与方氏说同。清屈大均说苑在城南，见《广东新语》卷十七《宫语·名园》："城南有望春园，有芳华苑，亦伪南汉故迹。"

"大有"，南汉高祖刘岩年号，以《周易》筮之而改，本是卦名。大有四年，即后唐长兴二年，值公元 931 年。

今广东省博物馆亦藏有一尊南汉大有四年"芳华苑"铁花盆，形制款识与广州博物馆所藏相同，唯多一个六角形浅托盘。是知当时铸有多个铁花盆，置于芳华苑内。

南汉 "芳华苑" 铁花盆

明"崇祯十七年"铁炮

炮身长266厘米，属红夷型铁炮。炮身阳铸五十七字铭文：

匠人　陈振国　协造官　广东按察使司曹　督造官　广东布政使司□　南部咨行造大铳伍佰斤　巡按御史刘　准　两广军门沈　奉　布政司晏　崇祯拾柒年玖

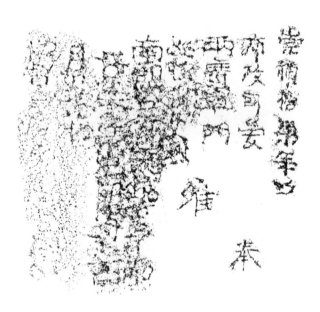

据铭文，该炮铸造于崇祯十七年（1644）九月。［按：崇祯帝朱由检于崇祯十七年（1644）三月十九日缢死于北京，至是明王朝灭亡。］而上述炮之所以仍铸崇祯十七年九月者，可能缘于岭南地方僻远，铸造时尚不知崇祯帝已死，明室已灭，或虽知崇祯帝已死，但仍奉明室旧朔。

铭文所谓晏者，乃广东布政使晏清，广西人，明室亡后，曾与广西巡抚瞿式耜一道拥立桂王朱由榔监国于肇庆，旋称帝隆武，次年改号永历。宣统《番禺县续志》卷三十四《金石志》载有南明弘光乙酉年（1645）晏清捐资铸造景泰寺铁炉一款，其结衔为"广东盐法道今升尚宝司卿"。

明代的兵器制造分中央制造和地方制造。中央制造设工厂于北京、南京，所造火器供备京师神机营。地方制造是由各省督抚按需要报请兵部、工部，批准后就地设厂自制。《明史·兵志》载记：

> 明置兵仗、军器二局，分造火器。号将军者自大至五。又有夺门将军大小二样、神机炮、襄阳炮、盏口炮、碗口炮、旋风炮、流星炮、虎尾炮、石榴炮、龙虎炮、毒火飞炮、连珠佛郎机炮……凡数十种。正德、嘉靖间造最多。又各边自造。……在内有兵仗、军器、针工、鞍辔诸局，属内库，掌于中官；在外有盔甲厂，属兵部，掌以郎官。京省诸司卫所，又俱有杂造局。

又《嘉靖广东通志·政事》载记：

> 本朝洪武初，广东各府俱设军器局，大使一员、副使一员，其后革去，惟令各卫所指挥千百户等带管。造作军器，咸有定制。

> 军器局，在（广州）黄泥港。天顺八年，巡抚都御使叶盛命都指挥使胡英重建，四卫总于其内打造军器。

明代佛山有"打造军器行"，生产大粤铳、红衣大炮和各类弹药附件等，解送官府，设置于海防城防。广州所制火炮用于城防者，《嘉靖广东通志·政事》有载记：

> 省城广州左卫城池，自归德门起至东门止，长七百三十五丈五尺，高三丈五尺。广州右卫城池，自归德门起至西门止长七百三十一丈一尺，高三丈七尺。广州前卫城池，自东门起至镇海楼止，长六百八丈五尺，高三丈五尺。广州后卫城池，自镇海楼起至正西门止，长六百四十一丈，高三丈五尺。守城器械有十，曰将军铳、曰碗口铳、曰手铳、曰神铳、曰飞铳、曰飞枪、曰长枪……各府守城大概相同。

以此推知该明崇祯铁炮应为佛山军器行铸造者。

明 "崇祯十七年" 铁炮（右一）

南明"永历四年"铁炮

炮身长 1.65 米，口径 0.23 米，腹径 0.21 米。炮身铸有楷书五十七字铭文：

督理东海都督府

挂定海将军印吴

钦命总督两广部院杜

广东总镇宫保府范

督造参将萧□

管局都司何兴祥

永历四年六月□日造重五百斤

该铁炮铸于永历四年（1650，按：清顺治七年）六月。是年 1 月，永历帝朱由榔闻清军已陷韶关、南雄，遂由肇庆迁往广西梧州；1 月底，清军再攻陷英德、清远、从化等州县。2 月，进逼广州，两广总督杜永和指挥守城作战，双方对峙数月。11 月 2 日，广州城陷。

铭文"督理东海都督府、挂定海将军印吴"者，不详何人，可能指南明户部尚书吴贞毓。"钦命总督两广部院杜"者，指杜永和，原为清广东提督李成栋副将，永历二年（1648）随李成栋在广州倒戈归明，李成栋以反正有功授两广总督。永历三年（1649）二月，李成栋战死于赣州，其副将杜永和继任两广总督，驻守广州。广州城陷，杜永和率大小船只千余奔窜出海。铭文"广东总镇宫保府范"者，指总兵范承恩，广州城陷被俘。铭文"督造参将萧□"者，指副将萧启，广州城陷被杀。

清乾隆、嘉庆、道光年款铁炮

清乾隆二十七年（1762）铁炮，炮身全长 3 米，最大直径 0.28 米；炮口外径 0.26 米，内径 0.11 米，重 2000 斤。原置地点不明。炮身铸有二十五字铭文：

详奉
改炷演放大炮 重二千斤
乾隆二十七年九月吉立
匠 黄立

清乾隆六十年（1795）铁炮，炮身全长 3 米，最大直径 0.28 米；炮口外径 0.25 米，内径 0.11 米，重 700 斤。原置地点不明。炮身铸有二十五字铭文：

详奉改铸演放
大炮 重七百斤
乾隆六十年秋
月吉日
匠 关明善

閒宇璀琛 广州博物馆典藏铭文刻辞类文物选

清嘉庆十四年（1809）铁炮，炮身全长 1.91 米，最大直径 0.38 米；炮口外径 0.22 米，内径 0.09 米，重 1000 斤。原置地点不明。炮身铸有二十六字铭文：

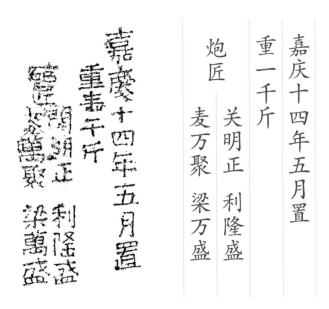

嘉庆十四年五月置

重一千斤

炮匠　关明正　利隆盛

麦万聚　梁万盛

清嘉庆十四年（1809）铁炮，炮身全长 1.9 米，最大直径 0.38 米；炮口外径 0.22 米，内径 0.09 米，重 300 斤。原置地点不明。炮身铸有十三字铭文：

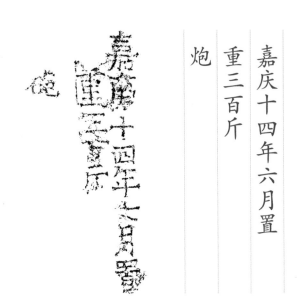

嘉庆十四年六月置

重三百斤

炮

清道光二十一年（1841）铁炮，炮身全长2.15米，最大直径0.4米；炮口外径0.31米，内径0.14米，重2000斤。原置地点不明。炮身铸有七十四字铭文：

炮重二千觔

钦命　靖逆将军奕

　　　参赞大臣齐

太子少保两广总督部堂祁

兵部侍郎广东巡抚部院梁

代理佛山同知

广州城　佛山都司韩　　监造

守右营

道光二十一年十一月　日　炮匠李陈霍铸

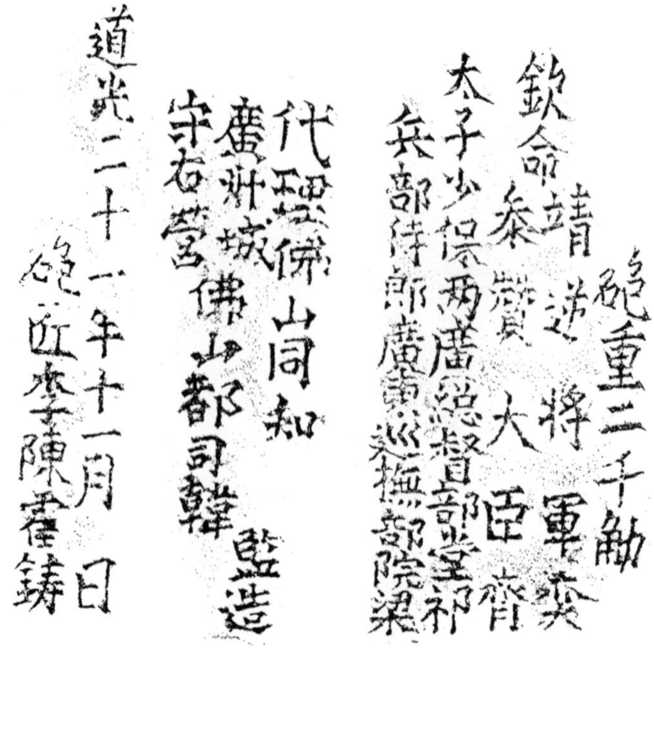

广州博物馆典藏铭文刻辞类文物选

清道光二十一年（1841）铁炮，炮身全长 2.45 米，最大直径 0.44 米；炮口外径 0.33 米，内径 0.18 米，重 3000 斤。原置地点不明。炮身铸有三十九字铭文：

炮重三千觔

惠州府□□□□□□□□□

道光二十一年十一月 日　炮匠李陈霍铸

清道光二十二年（1842）铁炮，炮身全长 2.45 米，最大直径 0.44 米；炮口外径 0.33 米，内径 0.18 米，重 5000 斤。原置地点不明。炮身铸有七十八字铭文：

新式炮重伍千觔

钦命　　参赞大臣齐　靖逆将军奕

太子少保两广总督部堂祁

兵部侍郎广东巡抚部院梁

佛山都司　韩

佛山同知　刘

□□知县　□

水师千总　□　监造

道光二十二年正月 日　炮匠李陈霍铸

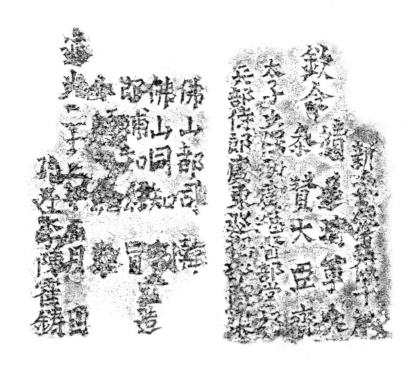

清道光二十二年（1842）铁炮，炮身全长 2 米，最大直径 0.3 米；炮口外径 0.23 米，内径 0.11 米，重 1000 斤。原置地点不明。炮身铸有七十五字铭文：

新式加料

炮重壹千觔

钦命　靖逆将军奕

太子少保两广总督部堂祁

兵部侍郎广东巡抚部院梁

佛山都司韩

佛山同知苏　监铸

道光二十二年　月　日

大炉铁炮匠　霍观升　梁辉秀　梁荣昌　冼永盛

南国珠玑　广州博物馆典藏铭文刻辞类文物选

　　中国清代制造的火药兵器重火器主要是火炮，轻火器主要是火枪。清人制造火器始于后金天聪五年（1631），清代前期仍大量制造，到康熙时，火器制造的规模、质量、工艺都达到高峰。清中期后火器发展渐趋停顿，直到19世纪中叶鸦片战争前后，清政府又大量赶制火器，但结构仍沿袭祖制，性能已大大落后于西方列强所制。

　　清代火炮以材质分，有铸铜炮和铸铁炮。清前期以铜炮为多，后期多为铁炮。此外，还有少量的铁心铜体炮、铜心木镶炮。由于铜炮多铸造精美，保存完好，故具有较高的文物价值。以重量分，有重炮和轻炮，《清朝文献通考·兵考》："重自五百六十斤至七千斤，轻自三百九十斤至二十七斤。"以形制分，有前装炮和后装炮，前装炮又分为红衣炮型和冲天炮型，后装炮主要是子母炮型。

　　清代火炮多有铭文，常铭炮名、年款、承造、监造官员、工匠、重量等，有的还有炮长、弹药重量甚至配方比例等字样。铭文具有炫耀、追究责任和方便操作等多项功能，反映出当时铸炮程序是很严格的，至于实际情况，很可能视同具文。从以上铭文看，率由总督、巡抚、提督等政要领衔督造，以道光以来铸造居多，这与第一次鸦片战争以来大清国海防吃紧有关。

以上铁炮均是广东佛山所造。至迟从明代中叶开始，佛山已是广东冶铁业的中心，制造工具、农具、灶具、祭器及军器，军器生产为官督商办，产品除供应两广海防外，还供应沿海、内河及京师防务之用。铭文中诸如"隆盛炉""万名炉""万聚炉"等为佛山冶铁基本生产单位，如同商铺的商号一样，佛山的某种畅销产品就常常与某种炉号相联系，如铁钟就以"隆盛炉"的出品为上，铁鼎就以"信昌老炉"的出品为佳。崇祯年间，广州府推官颜俊彦曾说："审得佛山炉户，计数万家。"可见佛山炉户数量之多。

铭文中炮匠陈、李、冼、霍、梁等，反映了佛山冶铁业以家族式生产的特点。少数巨族把持冶铁业，获利甚丰，在康熙三十二年（1693）《饬禁私抽设牙碑》中也有"佛山乡铸锅炉户李、陈、霍"的记载。明末清初南海陈子升说"佛山地接省会，向来二三巨族为愚民率，其货利惟铸铁而已"。此二三巨族就是以上陈、李、冼、霍、梁等。陈、李、冼、霍、梁是当地冶铸大户，并非炮匠。

综观广州所存清代铁炮，特点是庞大、厚重、粗糙且灵活性差。正如道光二十一年（1841）正月十日，钦差大臣琦善奏："虎门适用之炮无多，其余原制均未讲求，炮形极大，炮口极小。"庞大、壁厚的炮体不仅制约了铁炮的机动、灵活性，而且限制了炮弹的大小，威力自然受损。其实，清廷于武备方面，一向强调弓马射箭，而于火炮等热兵器不大了解热衷，乃至限制。据《鸦片战争史料汇编》辑录的奏折中反映，除广东省工匠铸炮技术稍熟练外，许多省份铸炮没有工匠，即使有一些工匠，对于泥范铸炮技术，尤其是重型火炮铸造技术也十分生疏，当地军政大吏都奏请从广东雇募工匠铸炮。

清乾隆、嘉庆、道光年款铁炮

清西洋铭文铁炮

炮身铸有铭文：

B.P.　　B.P.&Co.

ECL　　H. GRAZEBROOK　　LIVERPOOL

　　西洋铭文铁炮两尊，其中一尊造型前细后粗，通长213厘米，炮身有两道固箍，有一对圆柱形耳轴，是在炮架上安置火炮所用，使炮口可以高仰或平置，以便迅速修正射角，及时有效地杀伤敌人。炮尾有球冠，带有宽把手。炮口为喇叭状，外径24厘米，内径11厘米，炮口处有两道凸圈，层层向外突出。炮身铸皇冠造型，刻有"B.P."，炮位照门上方有"B.P.&Co."的字样。另一尊造型同为前细后粗，通长170厘米，两侧有一对圆耳轴，耳轴靠近炮口的前端有一道固箍，炮尾同样铸有球冠，尾部有多道凸圈。球冠上的宽把手相比前一尊设计更为精美。炮身靠近炮口处有多道凸圈，并逐渐向内收窄。炮口外径16厘米，内径14.5厘米。炮身铸皇冠造型，下则刻有"ECL"的字样。

　　B.P.& Co. 是贝利·佩格公司（BAILEY, PEGG and Company）的缩写。公司以创始人克劳谢·贝利（Crawshay Bailey）和塞缪尔·佩格（Samuel Pegg）命名为BAILEY, PEGG。贝利·佩格公司大约在1820年就已经开始生产子弹、弹药，之后经营的范围扩大到枪和炮。令人记忆犹新的是该公司生产的一门铁炮在布尔人守卫梅富根城（Mafeking）的战役中出色地完成了使命。值得注意的是"B.P."与"B.P. & Co."中字母"B.P."代表的意思各不相同。字母"B.P."

是贝利·佩格公司产品特有的记号，表示"British proof"（英国验证）的意思，更巧的是这两个字母刚好也与英国梅富根城的第一任守将巴登·鲍威尔（Baden Powell）名字的首字母不谋而合。除了字母和皇冠，贝利·佩格公司全称也被缩写成"B.P.&Co."浇铸在火器的器身表面。随着战争的远去，贝利·佩格公司的产品更多地转向和平年代生产生活中的用品而非军事用途，其中就有广泛运用于通信产业的电缆管道。

"ECL"为东印度公司的缩写。在南通博物苑有这样一尊古炮，炮身长1.5米左右，炮口口径约6.5厘米，尾径约25厘米。炮身中部有一皇冠标志，炮尾部刻有英文"ECL"，炮身依稀可看到英文字母"H.GRAZEBROOK"和"LIVERPOOL"，无疑这是一尊来自英国的铁炮。

此类西洋铭文铁炮，中国东南沿海地区亦多见之，究其来源，除了由当时政府统一购买，还有就是从商船上拆卸下来的，或者从海里打捞上来的被丢弃的大炮。据《汤若望传》叙述，1620年张焘赴澳门购炮，葡属澳门当局立即送大炮4尊，并派炮术技师4名。但在广东，炮师被扣，大炮运到江西。后来，张焘再次到澳门，正式请求遣派大炮、军队和炮师，而这些大炮则是先一年从一艘在澳门搁浅的英国船上拆下来的。

清西洋铭文铁炮

清德国克虏伯大炮

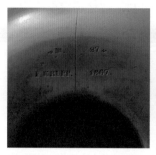

　　广州博物馆左侧碑廊前陈置三门德国克虏伯兵工厂生产的线膛后装开花铁炮，于 20 世纪 50 年代初移置广州博物馆。其中一门较大，长 3.9 米、炮口外径 0.35 米、内径 0.22 米，青铜包耳。炮身后刻有"NO.27 F.KRUPP 1867"，左侧刻有"H·GRUS—ON"，右侧刻有"7938kg"。可见这是 1867 年由克虏伯工厂制造的，重 7938 千克。另两门炮的尺寸相同，炮身长 3.61 米、炮口外径 0.19 米、内径 0.13 米。编号分别为 113 和 115，重量同是 2176 千克。1887 年制造。在年代两旁分别刻有一个三圆环标志，也有"F·KRUPP"字样。

　　这三门炮都固定在装有铁轮子的炮架上，大的一门仅剩一个轮子，炮身后部有螺旋装置，可调整炮口的上下角度。其他两门四个轮子保存完好。若置于炮台的环形铁轨上，可按需要移动。造于 1867 年（NO.27）的大炮，是清光绪十年（1884）中法战争爆发后，擢升两广总督，又是洋务运动首领之一的张之洞，为加强广州的戒备，特从国外购置并安装于黄埔蟹山炮台的。

　　造于 1887 年（编号 113 和 115 号）的两门炮，是民国 3 年（1914）革命党反袁斗争失败后，袁世凯的爪牙龙济光回粤"镇抚"时购置的。同年 5 月，广州润记公司为这两炮在越秀山最高峰——越秀峰（今中山纪念碑所在山岗）的东、西麓，各建炮台一座，东麓的习称越秀东台，西麓的习称越秀西台，通称越秀炮台，每台配置一门克虏伯大炮。龙济光凭此据守，以防革命党卷土重来。1914 年 10 月至 11 月间，孙中山领导的中华革命党，派朱执信和邓铿在广州附近地区惠州、增城、龙门、博罗、南海、顺德等地发动反袁武装斗争，并策动驻防在越秀炮台的官兵起义作内应讨伐龙济光。由于广州外围战事失利，起义没有成功。1916 年 10 月，龙济光被驱逐出广州，撤退前将越秀炮台大炮的炮栓取去，大炮从此失去作用。随着岁月流逝，现在东、西炮台已不存在，大炮也移置广州博物馆，作为历史的见证。

清德国克虏伯大炮

清"平南王"铁钟

平南王尚可喜于清顺治九年（1652）所铸铁钟，通高 1.24 米，口径 0.29 米，重 1000 余斤。双蒲牢兽形纽，钟身阳铸一百六十三字铭文：

今上龙飞之七年，平南王奉命恢粤。二月初六，师抵五羊城北白云山，结营山阿。凡九阅月，将士奋腾，兵马无恙，其间铸砲制药，随手而应，阴有神助。是年十一月初二恢省，追溯不忘，乃捐资建造太平庵，内塑佛像，爰勒之钟鼎，以志佛力于不朽。仍镌以铭，铭曰：

鸣镈肃旅，以事南征。缘岩列帐，依岫分营。

百举汇应，乃克坚城。

爰溯佛力铸钟铭，用以永播其芳声。

顺治壬辰岁三月吉旦。

平南王建。

广州府督捕通判周宪章监造。

铭文记载了平南王自顺治七年（1650）引兵入粤攻克会城广州及建庵铸镛记功事宜。

顺治九年（1652），平南王尚可喜与靖南王耿继茂于广州城北郊分建东、西得胜庙，祀奉关圣帝君。今庙久圮，碑亦不存，宣统《番禺县续志》卷三十六《金石志》辑录碑文，记载两王入粤进军攻略之情事，较《清史稿》《碑传集》《元功垂范》及诸地志为详，足资参考。

又据宣统《南海县志》卷十二《金石略》辑有顺治十年（1653）西得胜庙钟款，乃靖南王耿继茂于顺治十年捐造，原悬在庙殿左，因庙已圮，钟亦不见。铭文与现存平南王钟款相若，可比读之，曰：

今上龙飞七年二月六日，两藩师次广州府城北，绕山为营，凡九阅月城始克。中间旷日持久，克敌制胜，若有神助，祀典宜光。爰度营盘旧址，诛茅结宇，奉关帝神像而祀之，志不忘也。既勒碑以纪其盛，仍系铭于铭于钟，铭曰：

钟以立号，古乐用彰。神之听之，□音洋洋。
月沉霜落，觉悟万方。大成既集，媲美素王。
惟帝之声，山高水长。
顺治十年岁在昭阳季春月吉日铸。
钦命靖南王捐造。
藩下牛录章京沙、祖泰督工。

又据宣统《南海县志》县治附省全图所示，狮带岗、飞鹅岭附近有东得胜庙、西得胜庙，双峰雄峙，高瞰仙城。

清"平南王"铁钟

清"无着庵"铁钟

通高 64 厘米，纽高 15 厘米，午距 28.5 厘米。螭纽弧纹，品相完好。其上铸有二十五字铭文：

无着庵大殿钟
康熙岁次戊午腊八
吉旦铸
住持庵主今再造
供

今无着庵在广州市德政中路丽水坊。清初高僧天然和尚之妹来机禅师创建，由天然和尚题名"无着地"，盖取清净无染着之意。

天然和尚（1608—1685），俗姓曾，名起华（一作"起莘"），番禺人，明崇祯六年（1633）举人，后闻佛法，遂弃儒学佛，礼庐山道独禅师出家，法号函昰。不久，父母、妻子、胞妹均入空门，变俗亲为法眷，同参无上道，时人赞曰："清净梵修，华于一门，可谓盛矣。"其妹出家，法名今再（一作"今最"），字来机，心性纯贞，励志苦行，聪睿过人。笄年入道，壮岁接法于其兄天然和尚，为罗浮山华首台曹洞正宗三十五代传人，遂成粤省比丘尼中一代宗师。

来机禅师为弘法利生，阐扬宗风，于广州小南门外购地兴建道场。据《鼎建无着庵碑记》所载，清康熙六年（1667）始建殿宇，至康熙十七年（1678）

建成殿堂房舍 30 多间及放生塘一口，住庵尼众数百，颇具规模，为羊城著名尼众道场。此后各朝香火旺盛。民国 13 年（1924），被市政厅拍卖。经尼众合力募赎，仅存大殿、观音阁、祖堂、放生塘等处，庵址缩小殆半。新中国成立初，住庵尼众十余名，部分殿堂房舍租作厂房。"文革"期间，庵内佛像、经书、法器悉数被毁，尼众遭遣散，殿堂房舍先后被多家单位占用。1986 年以还，庵址归还广州市佛教协会管理并恢复开放。1989 年底重建庵貌，两层宫殿式大雄宝殿、三层楼僧舍、天王殿、山门、客堂、斋堂、库房等先后落成。

据钟铭，该钟铸造于康熙十七年（1678），较《鼎建无着庵碑记》尚早一年 [碑刻立于康熙十八年（1679）]，俱是今再立石。

钟铭谓铸于腊八日。"腊八"是佛教盛大节日。传说释迦牟尼在腊月初八这一天得道成佛，故"腊八"也就成了佛祖成道纪念日。后来，佛教传入中国，有的寺院在腊月初八之前，由僧人手持金本盂，到处化缘，将所搜食材煮成腊八粥，分发给民众，谓食之可得佛祖保佑，故被唤作"佛粥"。

清"无着庵"铁钟

陶瓷砖石篇

本篇所选有铭陶瓷砖石，皆为广州本地考古出土或传世收集文物，上迄汉代下至近代，是广州历代社会生活、经济发展、城市建设的重要物证。

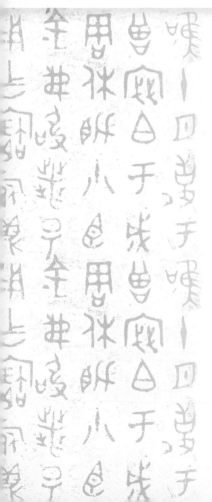

■ 陶瓷

　　本单元辑录汉至宋代有铭陶瓷，其中汉代有铭陶器系广州汉墓出土。"长秋居室""食官""大厨"等铭文反映了南越国职官设置；"万岁"瓦当出土于南越国宫苑遗址，为众多同类"万岁"文字瓦当之一；"藏酒十石"为墨书文字，书体飘逸，反映古人藏酒饮酒习俗；"嘉定"为南宋宁宗年号，具有明确纪年的陶谷仓甚为少见；"供御"瓷为进贡之物，宋代饮茶风气盛行，故有地方进贡朝廷宫室茶盏瓷器。

汉"公"陶罐

1957年广州市华侨新村汉墓出土。通高12厘米，口径10.5厘米。罐腹部有戳印篆书一字：

公

此类"公"或"官"字款戳印陶文还出现在南越国宫苑遗址绳纹板瓦或筒瓦上。吴凌云认为该类"公""官"，均应属器物制造质量督查者，也可能是人名或是地名，但为职官的可能性较大，估计这类官职不同于"啬夫""居室令""食官令"，只是临时的制陶组织中的对长、小队长之类。[1]

汉"公"陶罐

① 吴凌云：《南越陶文考释》，载《考古发现的南越玺印与陶文》，澳门民政署文化康体部，2005年，第214页。

汉"长秋居室"陶罐

1973 年广州市淘金坑出土。通高 35.7 厘米，口径 20.6 厘米。罐身有篆书戳印四字：

长秋居室

　　"居室"陶文于汉代考古多见，陈直《汉书新证》有论述。居室，汉宫中囚禁犯人之地，长官为居室令，居室丞贰之，主治诏狱，秩位千石，属少府。汉武帝太初元年（前 104）更名保宫，长官保宫令。东汉省。居室（令）于《史记》之《卫将军骠骑列传》《魏其武安侯列传》，《汉书》之《司马迁传》《灌夫传》诸篇均有记载。

　　"长秋居室"较为费解，据麦英豪、黎金考释，"长秋"有二义，一为宫官名，一为后宫名。《汉书·百官公卿表》："将行，秦官，景帝中六年更名大长秋，或用中人，或用士人。"是知"长秋"宫官始于景帝中元六年（前 144）。又《封泥汇编》辑有"齐长秋令"和"齐居室丞"，说明汉初诸国亦设长秋与居室。后宫名则见于《三辅黄图》："后宫在西，秋之象也；秋主信，故宫殿皆以长信、长秋为名。"其长官大长秋，宣达皇后旨意，领受皇帝诏命，与詹事（中少府）、中太卜等并为后宫高级官员，秩二千石，多由宦官迁任。麦英豪、黎金二人认为"长秋居室"印文之"长秋"应为宫官名，与甘泉居室令为甘泉宫内的官署相同，进而确认广州淘金坑16号汉墓的年代上限在汉景帝中元六年以后，下限在汉武帝太初元年以前，是广州西汉早期墓中可以考定绝对年代的一个材料。

据《汉书·百官公卿表》，长秋属官无居室，居室为少府所属，而地下实物则有"长秋居室"出现，此为古籍所不克解者，抑或为南越国职官之设虽沿汉制而有损益者也。

在20世纪，广州汉墓及遗址考古中出土有"居室""长秋居室"陶文戳印若干件，如20世纪50年代广州华侨新村西汉墓出土的3件"居室"戳印陶罐，1973年淘金坑西汉墓出土的1件"长秋居室"戳印陶瓮、1995年南越国宫苑遗址出土的2件"居室"戳印陶筒瓦。

汉"长秋居室"陶罐

汉 "常御第六" 陶罐

1973 年广州市淘金坑汉墓出土，带盖。通高 7.8 厘米，口径 5.9 厘米。器盖、器身分别有阳文篆书二组四字戳印：

常御第六

广州西汉前期墓葬出土有诸多"常御"戳印的陶鼎、罐、盒、釜、壶等，铭文有"常御第十三""常御第廿""常御三斗""常御"等，其中"第六""第十三""第廿"等应为器物制作或使用的编号。

"常御"，汉史未载。据张荣芳、黄淼章《南越国史》所述，汉人喜以"常"字代替"长"字，如汉镜铭文有"常相思，毋相忘；常富贵，乐未央"者，即是常、长互代。陈直在《广州汉墓群西汉前期陶器文字汇考》中也认为南越国的"常御"就是汉之"长御"，是南越王国后宫婢女的称号。麦英豪则认为，以常御的词义及其戳记、刻文皆在鼎、罐、盒、釜、壶诸饮食器中推之，把常御定为"官署名较为切合，大概是主管赵氏皇家中起居馐膳事宜的"[1]。后来他又认为"常""尚"二字古时通假，"常御"即"尚御"，汉代少府属官有尚方、御府，是掌管王室服饰、车驾、器用的机构，"尚御"是南越国少府所属尚方、御府的合称，也有可能是南越国自置的官制。表明该器皿为南越国少府属官"常御"监造并使用的。

① 麦英豪：《广州淘金坑的西汉墓》，《考古学报》1974 年第 1 期。

汉 "常御第六" 陶罐

汉"藏酒十石"陶罐

广州市龙生岗汉墓出土，通高 27 厘米，底径 17 厘米。该罐为贮酒器，施釉，带盖，出土时其内尚存半罐高粱。盖内有墨书十一字：

藏酒十石

令兴寿至三百岁

其墨书为典型的汉隶，结体方扁，字形大小不一，波磔修长，笔致秀逸遒丽，流露出意态潇洒的风神。此墨书当出于民间工匠之手，却能代表当时流行于岭南地区的书风，堪与居延汉简和甘谷汉简南北辉映，故有很高的书法艺术价值。

汉"藏酒十石"陶罐

汉"大厨"陶瓷

1954 年广州市北郊福建山汉墓出土，共 3 件，大小形制相似。高 29 厘米，口径 18.2 厘米，底径 16.7 厘米。瓷肩部有戳印二字：

大厨

《汉书·百官公卿表》詹事下有"厨厩长丞"之属官，系"太子之官"（颜师古注语），职掌太子的厨事。另南越王墓西侧室陶罐内出土有篆书"厨臣之印"封泥 3 枚，广西贵县罗泊湾汉墓出土的漆器上，有"厨官"铭文。该 3 件带有"大厨"戳印的陶器，当是南越国少府属下掌管陶工之专官为厨官署监造，后由南越王室赏赐或是赙赠于墓主的。至于广西贵县罗泊湾汉墓出土"厨官"铭文漆器，则证明了"南越王国册封的西瓯君家也有厨官署的设置"[①]。

另广州汉墓及南越国宫苑遗址出土的带有"千仓""药""众鱼"等戳印的陶器亦当属于时少府属官监造及使用之器物。

汉"大厨"陶瓷

① 广州市文物管理委员会、中国社会科学院考古研究所、广东省博物馆编：《西汉南越王墓》上册，文物出版社 1991 年，第 120 页。

陶瓷砖石篇

汉"食官第一"陶鼎

广州市梓元岗汉墓出土。高 21.7 厘米，腹径 19.5 厘米。鼎腹部刻写隶书四字：

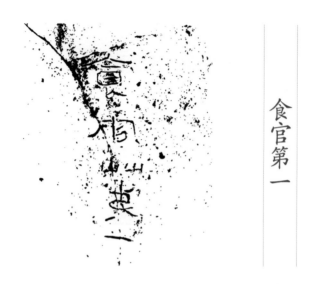

食官第一

"食官"，秦汉时期掌管皇室食膳或供应宗庙牲祭之官吏。《汉书·百官公卿表》："奉常，秦官，掌宗庙礼仪，有丞……属官有……诸庙寝园食官令长丞"，同表"詹事"条下亦云："皇后之官"，颜师古注："食官长令丞。"

汉初，袭秦之制，设"食官长，秩六百石，丞一人"。据张荣芳、黄淼章著《南越国史》所记，汉之食官有两种：一是奉常手下"掌宗庙礼仪"的食官，是主管祭祀所用食物；一是詹事属下皇后之官的食官，由于皇帝的膳食有太官负责，而皇后、太后的膳食就由食官负责。汉初的诸侯国设官同于中央，也设有相应的食官，故而"食官"刻铭亦屡见于诸侯国墓冢遗物（如封泥、铜器、陶器）之上，如齐国之"食官"①、代国之"代食官"②等。该广州汉墓之"食官第一"陶鼎，应为詹事属下食官官署之器，墓主身份应为詹事属下掌管帝后膳食之官。"第一"为陶鼎制作或使用之编号。

① 贾振国：《西汉齐王墓随葬器物坑》，《考古学报》1985 年第 2 期。
② 解希恭：《太原东太堡出土的汉代铜器》，《文物》1962 年第 12 期。

汉 "食官第一" 陶鼎

汉"万岁"陶瓦当

广州市中山四路南越国宫苑遗址出土。直径约18厘米。有篆书二字铭文：

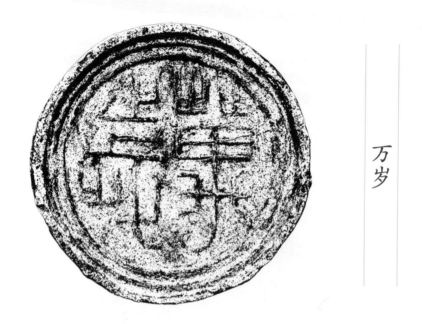

万岁

　　"万岁"在上古时，本是一吉祥祝颂词，寻常人等皆可用之。但自汉初始逐渐演化为臣下对皇帝的祝贺之词。该"万岁"瓦当文字布局巧妙，疏密得当，书写笔画用了增笔手法，横竖撇捺表现出曲折变化的效果。"万岁"二字圆润的装饰体态，体现了汉字的和谐优美。

　　自清朝末年始，粤中学者便在广州东山一带汉代窑址上发现并采集了诸多"万岁"瓦当，20世纪50年代以来，又在南越国宫苑遗址和徐闻汉代遗址考古出土了一批"万岁"瓦当。专家认为，位于广州的南越国宫苑遗址所出的"万岁"陶器瓦件系自东山窑烧造。据研究，广东出土"万岁"铭文瓦当出现于南越国中期，历经西汉、东汉的发展变化，至三国时期才消失。这期间有着基本完善的发展序列，地方特色明显。其中有一显著的现象，就是在广东汉代遗址中没有发现汉长安城和其他地区常见的"千秋万岁"铭文瓦当，而较多出现的倒是"万岁"瓦当。这说明"万岁"二字是从"千秋万岁"一词省略而来，南越国与汉王朝关系密切，体现了汉代诸侯国的宫殿和官制"制同京师"。

汉"万岁"陶瓦当

宋"嘉定八年"陶谷仓

通高75厘米，口径31厘米，足径16厘米。攒尖顶，球形纽，敞口，丰肩，深鼓腹，平底。盖面塑贴花边，用绳纹将仓身划分出若干区间。仓身用酱褐色书写二十字：

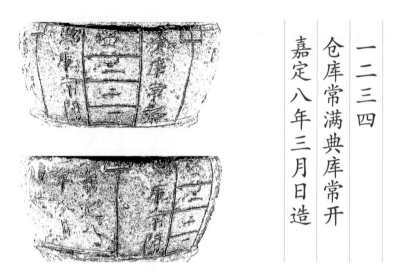

嘉定八年三月日造
仓库常满典库常开
一二三四

"一二三四"由下至上书写于腹壁正中仓门，可理解为若干层仓楼。烧造时间为南宋宁宗嘉定八年（1215）三月，时值南宋中晚期。

谷仓，也叫魂瓶、皈依瓶、龙虎瓶、堆塑罐等，是中国古代一种综合性的丧葬明器，属考古发掘中常见的一类器物。出现于东汉中晚期，流行于三国、两晋南朝、唐宋时期，元以后渐趋少见。主要盛行于江南地区，尤以今苏南、浙江、江西为甚，且多为江南越窑烧制。学界以为它是汉代的五联罐演变而来，其起源与汉代道教及南方楚地巫神之术关系密切，并深受佛教影响。谷仓最大的特点在于其器身上的堆塑工艺，形象众多，内容庞杂，把天上与人间、远古神话与日常生活杂糅在一起，既有现实内容，又具浪漫色彩。由于其存在时间较长，又带有各个时期的特征，有些还兼有地券性质，加之出土量较多，对于墓葬之考古断代有着指导和佐证作用。目前有纪年铭文的考古出土陶谷仓见诸报道的仍较少。

南宋珠玑 广州博物馆典藏铭文刻辞类文物选

宋"嘉定八年"陶谷仓

宋"供御"款黑釉盏

高6厘米，口径12.4厘米，底径3.8厘米。敞口，折沿，斜腹，浅圈足。施黑釉，有滴釉现象。足底露灰黑胎，有阴刻楷书二字：

供
御

此类款识的黑釉茶盏是进贡之物，考古和传世者较多，尤其在江南地区。不仅刻有"供御"款，还有"进盏"款，亦属贡物。

建窑位于福建省建阳县水吉镇，是宋代新兴的主要生产黑瓷的窑场之一。其黑釉瓷始烧于五代末北宋初，两宋时期尤其是北宋中期至南宋是鼎盛时期，至元代衰落。建窑最突出的成就是茶盏的烧制，因其出色的施釉技术而创造的兔毫盏、油滴盏、鹧鸪斑盏、虎皮斑盏尤有声誉。"1960年10月，厦门大学人类博物馆对水吉窑的芦花坪进行首次发掘，发掘面积约90平方米，出土瓷器等标本千余件。1977年5月至7月，福建省博物院和厦门大学历史系考古专业联合对芦花坪进行第二次发掘，发掘面积208平方米，揭露窑炉基1座。窑基为砖构、半地下斜坡式龙窑，残长56.1米、宽1.8米至2米，窑底坡度12度至18度，窑室底部排列的匣钵粘有黑釉碗，证明它是烧建盏的窑炉。发掘出土的黑釉器有敞口碗、敛口碗、高足杯等，有的釉面有兔毫斑纹，碗底刻划姓氏及数字。匣钵与垫饼上有的刻印文字与数字，有的垫饼有反文'供御'‘进盏’印记。发掘者推断，其年代为北宋中、晚期。""1989年5月至1992年7月，中国社会科学院考古研究所与福建省博物院联合组成建窑考古队，先后4次进行全面调查和重点发掘"，出土物中有反文"供御""进盏"字样的垫饼的年代被发掘者推断为北宋晚期至南宋初期。1954年5月，南京博物院宋伯胤曾在芦花坪窑址堆积中采集到一件带"绍兴十二年（1142）"铭刻的匣钵，对确定建窑的制瓷年代具有实证的意义。①

有学者根据宋徽宗《大观茶录》和南宋程大昌《演繁露》等资料，推测建窑烧制"供御""进盏"的鼎盛期，主要在北宋政和二年（1112）到南宋乾道六年（1170）年间。《宣和遗事》记载："（徽宗政和二年）夏四月，燕召蔡京入内赐宴……又以惠山泉、建溪异毫盏烹新贡太平嘉瑞茶，赐蔡京饮之"，可资说明宋徽宗时期建盏兔毫盏已进贡宫廷。此外，宋徽宗在《大观茶论》中曰："盏色贵青黑，玉毫条达者为上。"足见其对建窑黑釉兔毫茶盏是很有考究的。

宋"供御"款黑釉盏

① 张天琚：《浅谈建窑"供御""天目""进盏"的始烧时间》，《南方文物》2004年第1期。

■ 砖石

    本单元辑录汉至民国有铭砖石，其中汉晋及南汉铭文砖是墓砖，宋修城铭文砖是广州城垣遗址出土，明清石额多为建筑构件。汉"永元九年"砖上有"甘溪"二字，此为自白云山流入广州城的一条重要水道，其名甚古，从汉唐沿用至清代不改；汉"永元十六年"砖所载"东冶桥"是目前所知广州最早的一座古桥名或古地名；晋"永嘉"纪年砖见证西晋末年北方大乱，南土康宁之局面；宋修城铭文砖表明宋代军士普遍参与地方工程事务；宋"傅氏二娘"石水笕为广州民间捐修河渠之石料；宋"连州太守"端砚中的"连州太守"陈觉见载史志；明"市舶太监李凤"石像反映了万历年间朝廷矿监税吏遍布州郡剥掠地方的现象；清代石额诸种见证了广州城里坊建置情形。

汉"永元九年"铭文砖、汉"永元十六年"铭文砖

汉"永元九年"砖，1956年广州市孖鱼岗汉墓出土。长26厘米，宽16厘米，厚5.5厘米。模印一行十一字隶书铭文：

永元九年甘溪造万岁富昌

汉"永元十六年"砖，1972年广州市汉墓出土。长38厘米，宽7厘米，厚4厘米。模印一行十六字隶书铭文：

永元十六年三月作东冶桥北陈次华灶

"永元"，东汉和帝刘肇年号。永元九年，值公元 97 年；永元十六年，值公元 104 年。"甘溪"，又名蒲涧水、文溪、越溪和菖菖水，是汉代流经广州的一条重要水道，发源于今天白云山蒲涧，流出白云山后改称"文溪"，后又改称"东濠涌"，流经汉番禺城而注入珠江，可行驶舟楫。由该砖铭可知"甘溪"一名至迟在东汉时已有。1954 年扩建建设大马路工程时发现一座唐代砖室墓，出土姚潭墓志一方，刻有"窆于甘溪之南原"。另据冼玉清查考，清康熙四十八年（1709）禹之鼎为《广州府志》绘的地图还标有"甘溪"这一水道，可见"甘溪"这一地名和水道历汉唐一直沿用至清代不改。这是目前广州出现最早、沿用时间最长的水名。"东冶桥"，是目前所知广州最早的一座古桥名（或古地名）。"陈次华灶"应属以窑厂主名命名的砖窑。由此说明广州在东汉时除了官办砖窑（如"甘溪灶"）外，亦有民间窑厂。大规模砖瓦窑厂的出现，正是当时城市扩展建筑兴旺的一个反映。

三国吴"嘉禾五年"铭文砖、
三国吴"甘露元年"铭文砖

三国吴"嘉禾五年"砖，广州市三国墓出土。模刻一行十四字篆书铭文：

嘉禾五年三月人日造作富贵宜□

三国吴"甘露元年"砖，广州市三国墓出土。模刻一行六字篆书铭文：

甘露元年伯辟

"嘉禾"，三国吴大帝孙权年号，嘉禾五年，值公元 236 年。"甘露"，三国吴末帝孙皓年号，甘露元年，值公元 265 年。《广东通志·前事略》载："甘露元年，以贵阳南部为始兴郡。"治曲江，仍属荆州。

　　三国时期，东吴孙权在与曹操、刘备鼎力争雄之际，将势力扩张到岭南，统治交州、广州近 70 年。吴国基本上把交州、广州作为支持荆州、扬州前线的战略后方和搜集财赋、补充兵源的基地，也比较重视岭南的经营。先后派出较为得力能干的官吏出任二州刺史，制止了境内已经开始的州郡长官的武装割据和相互攻伐，使社会经济不致因大的战祸而凋敝；击降一部分溪洞酋帅，将其属下的人民纳入编户；特别是广州的设置，在番禺建立起另一个政治经济中心，有利于南海诸郡的开发。三国时代短暂，石刻所出不多，边鄙之岭南更是少见，此二方砖文乃为东吴统辖经营岭南的实物见证。

晋"永嘉"铭文砖

广州市西晋墓出土晋永嘉年间铭文砖数块。戳印铭文如下：

永嘉世九州空余吴土盛且丰

永嘉中天下灾但江南皆康平

永嘉七年癸酉皆宜价市

永嘉世天下荒余广州皆平康

"永嘉"是西晋怀帝司马炽在中原所立年号，永嘉七年（313），正值北方五胡进犯京洛，怀帝本人于此遭掳，酿成了史不绝书的"永嘉之乱"。永嘉前后的慌乱局面在中国历史上都是少见的。连年战乱、民族冲突、瘟疫流行、灾害饥荒。五胡、流民、诸王、盗贼、饥荒成了这一时期史志中出现最频繁的字眼。

　　"永嘉中，天下灾，但江南，皆康平。"即谓当晋代天下正闹着兵灾与荒灾之时，唯独江南这块地方，还仍然处于"康平"的生活环境。又曰："永嘉世，九州空，余吴土，盛且丰。"说是天下九州因动荡而出现空无人烟之时，而在东吴的土地上，还处于安定平和的丰盛年辰。又曰："永嘉世，天下荒，余广州，皆平康。"同样，当四处战火连天，人心惶惶的时候，五岭以南的广州却处于"皆平康"的社会局面，不受战乱、荒灾的影响。正是基于这种相对和平安定的生活环境，广州才能出现"永嘉七年癸酉皆宜价市"的良好局面。还说明那时的广州居民，可以开设集市，自由进行商品贸易。总之，铭文歌颂了永嘉年间南方州郡民众安居乐业、经济繁荣的社会景象，反映了晋南朝时期中国北方动荡，南方稳定，北人南迁，人民安居的宏大史事。广州地理形胜自古优越，《水经注·浪水》称："高则桑土，下则沃野。"又称："觌巨海之浩茫，观原薮之殷阜。"乃曰："斯诚海岛膏腴之地，宜为都邑。"于是才有交州刺史步骘于建安二十二年（217）迁州番禺，筑立城郭之举。晋南渡后，北人南迁更多，遂置郡县，开垦田野，货值贸迁，梁、陈之际，出现了"工贾竞臻，鬻米商盐，盈衢满肆，新垣既筑，外户无扃，脂脯豪家，钟鼎为乐……市有千金之租，田多万箱之咏"的繁荣景象。

　　铭文砖中"广州"一词应属出土文物中首次出现，可以证史，同时还有着一定的诗歌文学及书法艺术价值。该类"永嘉"铭文砖除广州地区外，粤北之韶关、连州、广西梧州等地均有发现。均为纪年兼吉语砖，少量还有制作者，从永嘉元年（307）至七年（313），各年皆有，制作年代最晚者应为永嘉七年或稍后。从其大多出土于今广州地区而言，其制造地应在广州，进而流播到他处。清陆心源《千甓亭古砖图释》一书搜辑江南吴地古铭文砖甚富，其中"永嘉"砖亦复不少，但无广州地区出土的"永嘉中，天下灾，但江南，皆康平"之类者。

宋"水军"修城砖

宋"水军"修城砖，长 35.3 厘米，宽 20 厘米，刻款五字铭文：

水军修城砖

亦有其他类型，刻款如下：

水军

水军记

水军广州修城砖

宋兵制，于禁军和厢军中均有水军之设，禁军中有虎翼水军、凌波水军、楼船水军等；厢军中有新水军、旧水军、巡海水军、驾纲水军等。水军多分布在东南沿海及四川、荆湘等地，隶属步兵司，除巡防水道、维护治安外，还参与各项劳役，如造船、筑城、浚河、纲运等。

《宋史》于水军记载较少，卷一八九《兵制》云：

广南路：骑军之额，自静山而下二；步军之额，自水军而下十，并改号曰清化。凡八十二指挥，一万二千七百人。

> 庆历中，招收广南巡海水军、忠敢、澄海，虽曰厢军，皆予旗鼓训练，备战守之役。

广南巡海水军由南汉水军改编而来，宋廷对该水军及"忠敢""澄海"皆予以训练，备战守，谓之教阅厢兵。教阅厢兵既用于战守，便俱禁兵性质，但在全国兵制上仍属厢兵，南宋时称"禁厢兵"。

该支水军，于孝宗乾道五年（1169）一度扩充至2000人。在此前一年新置潮州水军200人。不久，这两支水军都被抽调走一部分。广东水军又称"经略安抚司水军"，常备1000余人，是南宋水军的主力。度宗咸淳年间曾征集广东疍民为水军。

关于宋朝廷在广东招疍民编为水军，南宋初即有之，据《广州府志》卷二十"大溪山条"：

> 东莞县大溪山在县南大海中，有三十六屿，周三百余里，居民不事农桑，不隶征徭，以鱼盐为生。宋绍兴间，招降其人来祐等，选其少壮者为水军，立寨水军使臣一员、弹压官一员，无供亿，宽鱼盐之禁，谓之腌造盐。庆元三年，盐司峻禁，遂为乱，遣兵讨，徐绍夔等就擒，遂据其地。经略钱之望与诸司请于朝，岁季拨摧锋水军三百以戍，季一更之。庆元六年夏，请减戍卒之半，屯于官富场，后悉罢之。后有姓万者为酋长，因名老万山。

是知宋代屡次修筑广州城，水军参与其役，与有力焉。

宋"水军"修城砖

宋"摧锋军"修城砖

宋"摧锋军"修城砖，长宽 20 厘米，其上镌刻有十字铭文：

宝祐甲寅摧锋军修城砖

亦有其他类型宋代"摧锋军"修城砖，其上镌刻铭文如下：

摧锋军为南宋时诸多地方军种之一，主要服役于时广南东路，《宋史·兵志》不见，而宋代李心传《建炎以来朝野杂记》有载，见卷十八"殿前司摧锋军"条：

殿前司摧锋军者，旧以广东多盗，使统制官韩京戍梅、循以弹压。绍兴末，移其半三千人戍荆渚。隆兴二年，王宣、钟玉作乱，复命摧锋军往捕。其半今存，凡三千四百人分屯广东诸州县镇共二十处。

摧锋军之创制，缘于绍兴三年（1133）粤东黎盛之乱，事见《宋史·高宗纪》。

摧锋军后因连年征战而功不报等因，相继为乱，后得崔与之重望而得平息，见《宋史》卷四六《崔与之传》：

> 端平初，崔与之授广东经略安抚使兼知广州。先是，广州摧锋军远戍建康，留四年。比撤戍归，未逾岭，留戍江西，又四年。转战所向皆捷，而上功幕府，不报；求撤戍，又不许，遂相率倡乱。纵火惠阳郡，长驱至广州城，声言欲得连帅（按：指连南夫）洎僚属甘心焉。与之家居，肩舆登城，叛兵望之，俯伏听命。晓以逆顺祸福，其徒皆释甲。而首谋数人惧事定独受祸，遂率之遁去，入古端州以自固。至是，与之闻命亟拜，即家治事，属提刑彭铉讨捕，潜移密运，人无知者。俄而新调诸军毕集，贼战败，请降。桀黠不悛者戮之，其余分隶诸州。

摧锋军3400人分屯广东诸州县镇共20处，其中分戍潮州摧锋军驻地在州治北金山上，境内有警则发兵以往。今汕头市濠江区磊口村濒海摩崖上，有摧锋军记事石刻，曰："摧锋军伦黄景定四年十一月念九日部兵抵此。"

平摧锋军叛事在端平二年（1235）、三年（1236），经略安抚使彭铉修三城，使摧锋、水军、勇敢、东南等军各视己界，治事造砖，见元大德《南海志》卷八《城壕·城》：

> 三城历年久，楼橹倾侧，砖石脱剥。端平乙未，经略彭宝章铉会僚属戎将经度之。明年四月，闻于朝，六月报可，七月朔兴役，凡八阅月。修外城三千三百有六丈，女头四千四百九十三；修子城六百三十有三丈，女头九百一十七。新甃城门十有四，门屋敌楼九十有七。嘉熙丁酉春二月告成。以余钱万五千缗，附郭之赡军质库，岁与郡分十三之息，以备整葺，均定界至，使摧锋、水军、勇敢、东南将，每仲春四九

阅武之日，正将率部伍登城，各视其界，治草秽，预损阙，存本州窑务，陆续造砖，以备整葺，为虑远矣。

彭铉以整葺后之城周划定疆界，令各军各负其责，除草造砖。则各军以所造之砖刻己军名，以别异部，刻划字砖之用途盖在此。

宋代三城经历多次修筑，据《宋会要辑稿》，由摧锋军监修者，有端平三年（1236）、淳祐二年（1242）、宝祐二年（1254）。

宋"摧锋军"修城砖

宋"傅氏二娘"石水笕

长43厘米，宽19厘米，高21厘米。该石系民国初年拆广州城垣时发现，为罗原觉购得，后转赠广州博物馆。石面刻有二十九字：

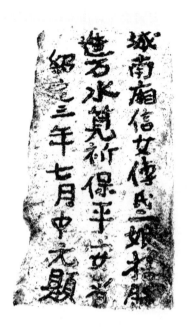

城南厢信女傅氏二娘舍钱
造石水笕祈保平安者
绍定三年七月中元题

笕，指连接起来用于引水的竹管。唐代白居易《钱塘湖石记》："（钱塘湖）北有石函，南有笕，凡放水溉田，每减一寸，可溉十五余顷。"此为石笕，乃筑引水渠之构件。

宋代是广州城建史上修城最频繁且规模最大的一朝。据《宋会要辑稿》及《舆地纪胜》，两宋期间大小修城至21次之多。南宋理宗绍定二年（1229）、三年（1230）有修城纪录，该绍定三年石水笕恰为物证。

石水笕捐赠者傅氏二娘当为笃信佛教之人。广东佛教唐时盛行，至宋不衰。佛家以为修佛万行，布施为先，《无量寿经》有财布施、法布施、无畏布施之说，傅氏舍钱造石水笕之举应属财布施。

字字珠玑 广州博物馆典藏铭文刻辞类文物选

宋"傅氏二娘"石水笕

宋"连州太守"端砚

　　1966 年由广州市某基建工地上交广州市文管会收藏，出土情况已不详，该砚是否为墓葬随葬品，不能肯定。砚长 17.3 厘米，宽 11.4 厘米，高 3 厘米，砚池深 1.5厘米。砚面呈紫灰色，抄手箕形，质地致密，细润坚实，保存完好。两侧壁各刻有一行楷书七字：

宋故右朝奉大夫
连州太守陈觉枢

　　郡之长官叫郡守。守者守也，有为天子守土安民之意。春秋战国时期，地方官即有守之设。秦统天下，用李斯之言，"分天下以为三十六郡，郡置守、尉、监"。郡守至此成为郡县制下的地方行政长官，掌管一郡之民政、司法、监察、军事、财赋，尚得自辟幕僚属吏。汉袭秦制，初仍称郡守。景帝中元二年（前 148），郡守更名为太守，并沿用至南北朝。隋、唐二代州、郡屡置废，太守一职亦随之置废。宋改郡为府、州，长官称知府、知州，但同样囿于传统影响，仍习称知府、知州为太守。是知该砚台铭文"连州太守"亦属缘用旧称。朝奉大夫者，乃文官散阶，正五品。

　　陈觉，《广东通志》中有简略记载，临川人，生卒年月不详。约在南宋建炎年间（1127—1130）任琼州知事、连州太守，其他事迹不详。

宋"连州太守"端砚

明"中左所造"残砖

1962 年广州美术学院卢振寰教授捡拾于广州越秀山，后捐赠给广州博物馆。残长 34.4 厘米，宽 18.4 厘米，厚 7.6 厘米，形制材质俱合明式，砖侧面戳印四字反文楷书：

洪武元年（1368）至二十六年（1393），广东先后在沿边沿海地区设置一批卫所和改卫为所，共计 15 卫，100 余千户所，旗军 125440 名（其中守城 81984 名，屯田 43456 名）。全省卫所由广东都指挥使司分掌，直接由京师前军都督府管理。凡朝廷有征伐战事则征调卫所之兵，临时派将率领，任务完成后，兵回原卫所。

卫所有城池、教场、仓圃、烽燧，遇有紧急，昼则举烟，夜则举火。卫所城池规模较大者有广海卫城、碣石卫城、海南卫城、潮州卫城、廉州卫城等。今深圳宝安区大鹏守御千户所城乃洪武二十七年（1394）筑，为广东省留存较好的卫所城池，基本保留了原东、南、西三个城门的原貌。

广州为省会所在地，控三江之总汇，濒临南海，兼具河海港运中枢，为岭南重镇之首。因而，继洪武八年（1375）设广州左、右卫之后，又于二十三年（1390）设前、后卫，共 4 卫，驻兵二万余，"用以宅中而制外"。①广州四卫之所在地、设立时间、创建人等，嘉靖《广东通志》卷三十一《政事志·兵防一》有详载：

① 黄佐等纂修：明嘉靖《广东通志》卷三十一，香港大东图书公司影印本，1977 年。

广州左卫在都司左，即旧城隍庙故址，洪武八年指挥使杨璟建。领左右中前后五所。

广州右卫在都司右，即旧察院故址，洪武八年指挥佥事辜范仁建。领左右中前后五所。

广州前卫在左卫南，乃旧千户所故址，洪武二十三年指挥同知王衡建。领左右中前后五所。

广州后卫在右卫南，乃旧果超观故址，洪武二十三年指挥同知樊著建。领左右中前后五所。

民国黄佛颐《广州城坊志·卫边街》引《大明一统志》载：

广州左卫在府城内近北，广州右卫在左卫西，俱洪武八年建。广州前卫在左卫南，广州后卫在右卫南，俱洪武二十三年建。

又上同书引姚虞《岭海舆图》：

广州左卫，额设各官共八十四员，旗军一千三百四十六名，马八匹。右卫额设各官共八十四员，旗军一千七百七十六名，马八匹。前卫额设各官八十四员，旗军一千五百三十一名，马十九匹。后卫额设各官共八十四员，旗军一千三百一十七名，马八匹。

洪武初，广东地方官员在"百务草创"中以建城为要务，具体工作多由指挥使和卫所官员负责。而省城与府城建设，都是在原有州郡城的基础上进行修葺、改造和扩建。洪武十年至十一年（1377—1378），首将广州三城连为一城。

《明太祖实录》卷一百五十载：

洪武十年九月，增筑广州城。

《永乐大典·广州府》载：

洪武十年冬，都指挥使许良奏准三城宜合为一。

万历《广东通志》卷十三《韩祯传》载：

> 韩祯，洪武十一年任布政司参政，时展筑城池，阃帅力欲亟成，工役昼夜不休……祯曰不可，乃召众定约，以辰钟从事，夕钟则已。

三书所记时间略有不同，但大抵都在洪武十年、十一年。

又《明太祖实录》卷一百二十八：

> 洪武十二年十二月，命永嘉侯朱亮祖发民军三万拓广东北城凡八百余丈。

万历《广东通志》将竣工系于洪武十三年（1380），并云十年修筑镇海楼。

由以上记载推测，洪武十年或十一年是广州三城合一的工程，洪武十二年或十三年是拓北城（包括修筑镇海楼）的工程。

且从砖铭"中左所造"，可知时广州守军也参加了广州修城之役。

明"中左所造"残砖

明"万历丙辰"石柱础

柱础为麻石质，六边形。通高 24.5 厘米，最宽 47 厘米。两面刻有二十四字铭文：

万历岁次丙辰季春望后二日戊子之吉，弟子□相、黄风仝奉。

知此柱础乃明万历四十四年（1616）三月十七（或十八）日，信士□相、黄风所捐制，奉送给广州某寺观庙宇。

阮元《广东通志·前事略》仅载："（万历）四十四年七月，广东水。"

又据民国《番禺县志》卷四十一载，万历四十八年（1620），广州医僧昙林建寿国寺，"环以碧沼松径梅亭，极为幽僻"。

据悉，包括该柱础在内的一对石料（多为红砂岩）系 1998 年广州市文物考古研究所在发掘广州明清六脉渠遗址时所出土的。六脉渠始筑于宋，明清两代或沿袭，或改动，以为会城排灌通济之用。推测该柱础应为清代修筑六脉渠所用之石料。

明"万历丙辰"石柱础

明 "市舶太监李凤" 石像

石像约明万历晚期制,1980年出土。高56厘米,现仅残存颈以下部位。背部楷书刻铭二十三字:

钦差镇守广东等处地方珠池市
舶盐法内官监太监李凤

李凤,云南人,生年未详,晚明万历中后期太监。万历二十七年(1599)二月,被神宗差遣广东,开采雷州等地珠池及征榷市舶税课,不久又兼管税务、盐法、开矿诸事务,至万历四十二年(1614)病卒任上。李凤在粤前后长达15年,所管之事务,涉及当时广东一地的经济、政治、军事、宗教等诸多社会领域。李凤在粤,利用明代中期以来市舶太监所拥有的特权及自己兼管的职务,全面插手广东事务。他狂征暴敛,徇私枉法,侵刻海商,残害吏民,激起多起民变,加剧了社会动荡,阻滞了当地经济发展,以致"粤中人争欲杀之"(《明史·陈增传》)。李凤还与被遣广东的另一太监李敬明争暗斗,倾轧不休，加剧了广东的社会矛盾。

内官监是明代十二监之一，仅次于司礼监，掌木石、瓦土、塔材、东行、西行、油漆、婚礼、火药、十作，以及米盐库、营造库、皇坛库和营造宫殿陵墓，并铜锡妆奁器用暨冰窨诸事。外厂甚多，各有提督、掌厂等官。镇守是明代武官职衔，有镇守、分守等级。《明史·职官志》载："总镇一方者为镇守，独镇一路者为分守。"担任镇守的都是总兵官，担任分守的多半是参将。派太监任镇守，自明成祖朱棣开始，《明通鉴》二十云："自文皇任宦官监军分镇，遂至擅用威福，激生事端，一时边镇总兵为所胁制，往往畏之。"《粤小记》说："明太监至粤，多以虐官肃民为事。"所谓珠池，即为海滨采珠场，"皆海面岛屿环围"，"底与海通"。明代广东珠池以廉州府居多。明代派太监管理珠池，正统初，命内官一员分镇雷、廉。正德中，雷州珠池改属廉州珠池内官管理。从明初至明末，珠池或十年一采，或数年一采，多得叫作珠熟，少得叫作珠荒。官府采珠，多劳民役，由于"供应殷繁"及珠池中官巧取豪夺，以致"珠户逃窜"，甚至激起民变。

明"市舶太监李凤"石像

明"归德"门石额

石额高89厘米，宽163厘米。为花岗石质，刻字径逾尺，雄浑刚劲。共有三十八字：

归德
广东卫都指挥使聂纬、指挥使胡通、佥事杨璟立
洪武七年岁在甲寅仲春吉日，岳阳易贵书

归德门是明清两代省城广州城西南的一处城门和水陆通关。从文献及图志上看，规模较大，建有瓮城，与城北大北门遥遥相对，大致在今解放路和大南路交界处。

洪武十三年（1380）扩展北城，见明万历《广东通志》：

明洪武十三年，永嘉侯朱亮祖、都指挥使许良、吕源以旧城低隘，上疏请连三城为一，辟东北山麓以广之，拓北城八百余丈，建立五层楼，为会城壮观。城周三千七百九十六丈，计一十五万一百九十二步，高二丈八尺，上广二丈，下广三丈五尺。为门七：曰正北、稍东曰小北；曰正东；曰正西；曰正南，稍东曰定海，西曰归德。城门楼七、敌楼七，警铺九十七，雉堞一万七百。城东西之外，因旧浚池，周二千三百五十六丈。

是知"归德"门乃广州城垣七门之一。该"归德"门石额写明是洪武七年（1374），故归德门在洪武七年曾经修葺。据《永乐大典》卷11905引《南海志》称："[元至元十二年（1275）十二月]初八日若冈与忠勇军陈勇开小市门降。"可知归德门在元代本名小市门，归德即由于廖永忠大军由海道来，由小市门入城，改名"归德门"，取归从德化之意。

清"宜民市"石额

石额为麻石质，原置于广州市西华路东段（即清时西关第一津），后因旧城改造而移至广州博物馆。长164厘米，宽44厘米，厚约12厘米。无款识，其上楷书阳刻三字：

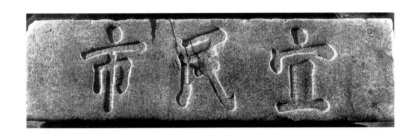

宜民市

"宜民市"原称"移民市"，源自清初以来广东缘海疍户渔民失业者流离移居此地，日久成市，后改作"宜民市"，一字之差，意境大异。此"宜民市"与清初迁海令有莫大关系。

迁海令是清朝初年为清除海患，巩固政权的重大举措之一。

康熙元年（1662）迁界时，由于只限三日，"尽夷其地，空其人"，以致被迁人民仓皇逃难，屈大均《广东新语》卷二《地语·迁海》载："多弃其赀，携妻挈子以行，野栖露处，死亡载道。"因流离既久，生计无着，"或捐妻鬻子，或合家饮毒，或尽帑投河"。"自由粤东以来，生灵之祸，莫惨于此"。屈大均以时人书时事，其言可信，其事可谅。

会城广州，为迁海难民首选之地。时人樊封《南海百咏续编》记之较详，曰：

> 移民市，在西关第一津。国初时，番禺县安插无业疍民于泮塘、西村诸处，此其贸易之集场也。今讹作"宜民"……康熙二年，侍郎科尔坤来粤，勘明潮州近洋六厅县，广州近洋之番禺、东莞、新安、香山、顺德、新宁六县，所有沿海疍民悉

徒内地，一切田园庐舍，概行拆毁，地方文武，严查其出入，以杜海寇之接济。一时失业者咸聚珠江，巡抚李士桢乃令各县分地安置，无令失所。番禺疍户约万人，遂择柳波涌及泮塘、西村，准其结寮栖止。此辈网耕罟耰，不晓耕作，惟日售其篙橹以糊口。第一津前，晨夕贸易，罔非此辈，积久成市。所有居廛市井，因号曰"移民市"焉。

樊封，字昆吾，原籍奉天，广州驻防汉军人，诸生，有才气。道光初，阮元督粤，使纂辑《三朝御制诗注》，分校《皇清经解》。参粤督祁塎幕。同治九年（1870）恩赐副贡，充广州学海堂学长。"移民市"改称"宜民市"或在道光、同治年间。

清"大新街"石额

1997 年广州市大新路出土。长 156 厘米，宽 60 厘米。石额镌刻十五字：

大新街

道光八年重修

里人罗文俊书

清代广州"大新街"，在明代称"茶巷"（相传是茶叶、山货集散地，故名），明末改称"大新街"，乃因为是广州"新城"新扩建的大街而得名。早在宋代，广州城南沿江北岸几经形成了一片繁华的商业区，并建有雁翅城和羊马墙。下迄明初，这里已成繁华之区，同治《南海县志》载："民廛稠聚，海舶鳞凑，富商异货，咸萃于斯。"城南的大新街、小市街，城内的高第街、濠畔街等，都是商业繁华之区，故有建城之举。

题书者罗文俊（1789—1850），字泰瞻，号萝村，绿潭堡人（今佛山市禅城区南庄镇）。清道光二年（1822）进士，以探花及第授翰林院编修，记名以御史任用。道光十三年（1833）升左春坊左庶子，补翰林院侍讲学士，转侍读学士，授通政司副使、詹事府詹事，累官工部左侍郎。派查东陵工程，冒寒得病，归里调养，卒年 61 岁。罗文俊自任官后，在史馆活动达 10 年，多次充任各馆纂修、协修官，咸安宫总裁，教习庶吉士，内阁批本和日讲起居注官等。试差任过顺天乡试同考官、山东乡试正考官、顺天乡试副考官、山西学政、陕甘学政、山东学政和浙江学政等，均甄拔得人。他经常说，考官必须从"外著之文"得"中藏之美"，"择其文之独有见地，开径自行，不剽窃前人牙慧者录之"，著有《绿萝书屋文集》。

清 "纪纲街" 石额

于广州旧城区征集，长90厘米，宽42厘米。其上镌刻三字：

纪纲街

"纪纲街"为街名，作石额嵌置街首以为标识。该街名与街道至今尚存，位于今广州市越秀区解放中路南端东侧，长约150米，宽5米，花岗石路面。纪纲街东接贤藏街，在明清两代为广东按察司署所在地，"纪纲"者，法度也，按察司乃旧时司法衙门，盖因官署建置而得名。

清仇巨川《广州城坊志》"按察司前街"条引乾隆《广州府志》云：

> 广东提刑按察司公署，在内城纪纲街。

又引乾隆《南海县志·建置略》云：

> 按察司署，在纪纲街。洪武二年，改盐仓巷旧盐司故址开设。八年，署司鲍忠辟东千秋寺址以广之，后圮废。国初，迁于外城高第街。康熙二十三年，复即内城旧址重建。

> 按：阮《通志》云，元时提举盐课司在利通街，明洪武二年，以元提举司改建按察司。则盐仓街古名利通街也。

清"新荳栏"石额

于广州旧城区征集，品貌完整。宽29厘米，纵90厘米。其上镌刻八字：

新荳栏

华光庙地界

新荳栏，旧街名，在今广州市十三行路南面，文献纪略：

> 龙母庙，在新荳栏，光绪年建。（宣统《南海县续志》）

> 李遐龄《和谭康侯珠江竹枝词》云："黄金色嫩晓姗姗，新荳栏西水蔚蓝。攀折未堪春事浅，籯钱堂上忆江南。"（《勺园诗钞》）（按：谭康侯，即谭敬昭，字子晋，号康侯。广东阳春人，嘉庆进士，官吏部主事，有文名，粤中尊为乡贤。）

> 沙亭往省城新荳栏渡。（同治《番禺县志》）

又有"旧荳栏"，约在今广州市和平中路一带，与"新荳栏"相邻。

广州荔湾昔时多有"栏"字街名，诸如"桨栏街""竹栏街""杉木栏"等，盖因集市而成街坊。

华光庙，为民间庙宇，粤中城市乡村在在有之，属道教信仰体系（其中亦吸收了佛教神灵元素），祭奉华光大帝。

清"状元桥"石额

纵130厘米，宽40厘米。其上镌刻十一字：

状元桥

道光五年

南海乡约

稽阅志籍，相关状元桥之文献有：

状元桥，在小北门内直街。（光绪《广州府志》）

宋李忠简（按：即李昂英）于会城建有三桥，曰状元、曰狮子、曰文溪。（黄芝《粤小记》）

陈昙《补南海百咏》诗自注引《穗城纪闻》云：小北门内状元桥，为伦文叙建。

状元桥在小北门内，唐莫宣卿儿时居此。（仇巨川《羊城今古》）

小北门一脉，由粤秀山左起，出双槐洞、丹桂里，过状元桥，汇合各小渠，绕五桂庙而出铜关，外纳白云文溪，顺东濠出海。（樊封《南海百咏续编》）

状元桥，在小北门内，宋李昴英建，桥跨大渠，渠水经此，迤逦出东城根水闸，以达东濠，入珠江。"李志"未载地址，据曾燠《六脉渠记》、黄芝《粤小记》、陈昙《补南海百咏》、钟启韶《西濠曲注》修。（民国《番禺县续志》）

以上俱为清至民国人所记，谓状元桥最早系宋代李昴英为纪念唐代状元莫宣卿而建，或谓明代为纪念状元伦文叙而建，然均于史无徵，不得确信。查广府历代方志地图，直至清道光《南海县志》之《县治附省全图》始标注有"状元桥"，此后地图多有之。该石额曰"道光五年"（1825），与文献合。又曰"南海乡约"，则知该桥为南海县民间里坊合资修建，而非官造。

清代状元桥南北向横跨六脉渠之"左二"一脉，该支涌渠源自粤秀山，自西向东流经双槐洞、丹桂里，过状元桥，绕五桂庙，出城垣铜关水闸，注东濠出海。其位址大致在今小北路与法政路交界处。

清"状元桥"石额

清"潮州八邑会馆"石额

石额为花岗岩质,长4.5米,宽1.1米。正中字体行楷,雄健浑厚。阳刻六字:

晚清两广总督瑞麟题,落款"长白瑞麟书",另有"文澜殿大学士""瑞麟之印""澄泉"印三枚。

潮州八邑会馆位于广州市长堤大马路,坐北朝南,由潮州籍绅商集资兴建,为晚清广州规模较大的地域性宗族会馆之一。其创建之始不得确知,按瑞麟于同治二年(1863)调广州将军,四年(1865)兼署两广总督,五年(1866)实授两广总督,同治十三年(1874)卒,知该会馆始建之时至迟在同治十三年(1874)。

广州博物馆碑廊另有来自该会馆的《创建潮州八邑会馆捐资姓字芳名》及《潮州八邑会馆天盘全图》二碑,均刻立于光绪二年(1876)。是知潮州八邑会馆至迟始建于同治十三年(1874),落成于光绪二年(1876)。《潮州八邑会馆天盘全图》中所绘刻之会馆门额,正是广州博物馆所征集之两广总督瑞麟题"潮州八邑会馆"石额,门联曰:"湄岛毓祥,沧瀛锡福;金山敦谊,珠海荐馨。"据1948年10月天南出版社出版的《广州大观》第六编"广州的社团会馆"一览,依然记载广州长堤有"潮州会馆",表明该会馆于20世纪40年代末尚存。

瑞麟(?—1874),叶赫那拉氏,字澄泉,满洲正蓝旗人,与慈禧太后同宗族。以平定太平军和捻军有功而得朝廷赏识擢迁。主粤期间,支持维新,兴办洋务,曾创办近代岭南最早的兵工厂——广州机器局;开设广州同文馆,招收当地少年入馆学习外语,为洋务事业培养人才。

清"桂阳书院"石额、清"南州书院"石额

清"桂阳书院"石额，长 4 米，纵 0.97 米。行书阳刻四字：

桂阳书院

桂阳书院原在今广州市大南路仙湖街，为广东劳氏于清同治初年（1862—1868）在省城修建的合族祠，据同治七年（1868）刻本《南海劳氏族谱》载，由南海雷江、小塘、劳边，番禺沙湾，新会古氏和开平劳氏六大房合建。书院现已无存。

清"南州书院"石额，长 2.85 米，纵 0.8 米。笔画遒劲，镌刻工稳。其上镌刻四字：

南州书院

南州书院原在广州桂香街，授徒讲学，兼刊刻售卖书籍。书院现已无存。

清"宣统元年"广九铁路奠基石

　　1999年从位于广州市白云路的广九铁路火车东站（即大沙头站）办公大楼征集而来。该石长方形，麻石质，高120厘米，宽50厘米，厚62厘米。其上镌刻三十字：

　　大清宣统元年岁在己酉闰二月谷旦

　　钦命两广总督部堂张为广九铁路立

　　广九铁路是广州经深圳至九龙的铁路线，粤段自广州至深圳车站，长142.77公里，也称广深铁路；港段自深圳车站至九龙，长35.78公里。清宣统三年（1911）建成通车，是中国对外交往、对外贸易的重要交通线。

　　早在清光绪十四年（1888），九龙工商界人士曾商议筹建广州—九龙铁路，因当时粤汉铁路未修建且涉及外事，未能实现。光绪十六年（1890），广州候补知府易学灏呈两广总督李瀚章请筑广九铁路，获准。光绪二十四年（1898），英国政府借口沙俄夺得芦汉铁路贷款权，侵犯英国在长江流域的势力范围，要求补偿，向清政府提出并取得5条铁路贷款和筑路权，其中就有广州至九龙铁路。光绪二十五年（1899）3月28日，督办中国铁路总公司事务的盛宣怀代表清政府与英国签订《广九铁路借款草合同》五款，议定广九铁路将来与粤汉铁路接轨，后因英国忙于南非殖民战争，无暇顾及，遂搁置。

光绪三十三年（1907）3月，清政府外务部与中英银公司签订《广九铁路贷款合同》，规定港段由英方负责修筑，华段（即粤段）由中方向英方借款修筑。借款 150 万英镑，年息 5 厘，拟 30 年还清，以路产和营业收入担保；并规定中国将来不另建平行铁路，以保证本路利益。当年英方完成广九铁路设计，分华英两段分别施工。华段由华员总办主持，任用英人为总工程师，于光绪三十三年（1907）8 月 21 日开工，宣统三年（1911 年）9 月 28 日竣工，10 月 8 日通车，全长 142.77 公里。自罗湖桥至九龙为英段，长 35.78 公里。10 月 28 日华英两段在罗湖桥接轨，广州至九龙全线通车。全线自大沙头沿珠江东行，经增城、博罗、东莞、宝安至九龙。1912 年，中华民国临时政府交通部派商办广东粤汉铁路总公司总经理詹天佑组织华段验收，但因台风暴雨冲毁部分路基桥梁，验收未成。延至 1913 年 2 月，另派罗国瑞验收。该线华段建筑费用 1287.3 万元，平均每公里 9 万元。

　　"两广总督部堂张"，即时两广总督张人骏，字千里，号安圃、建庵。出身河北丰润县喜庄乡大齐坨村张氏巨族家庭。同治戊辰（1868）科进士。历任山东布政使、山西巡抚、漕运总督，光绪三十三年（1907）8 月调署两广总督兼广东巡抚，宣统元年（1909）6 月去职。作为三朝元老，张人骏倾心新政，支持洋务，所处多有政声。主粤期间，除了主持修建广九铁路外，还主持修建了广州自来水工程，建立了一所无线电报学校，支持西医陈子光等人建立广州光华医学堂等。

清"宣统元年"广九铁路奠基石

清 "试馆" 石额

长 143 厘米，宽 34.5 厘米。字大盈尺，流丽秀劲。其上镌刻八字：

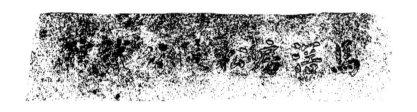

马滘房松陵公试馆

"马滘房"，显为宗族某支系；"松陵公"，为某支系之开山祖。马滘在何地及松陵公为何人，暂不知晓。"试馆"，即会馆。

会馆是明清以来建立于通都大邑的地缘性或业缘性的社会组织，一般均拥有自己的建筑物，作为办公或联谊活动的场所。会馆，其狭义是指同乡公建的建筑物，广义则指以建筑物为活动中心的同乡组织。其功能率为"联络乡情，敦睦桑梓"。所谓会馆仅仅是个统称而已，会馆不但包括工商会馆、行业会馆，更多的是为本族学子们进京或省城应试的所谓"文人会馆"，只不过叫"试馆"的少，统称"会馆"较多而已。也叫"书室""书舍""书塾""公馆"等，名称并不统一。近有学者认为其是都市合族祠之一类。清震钧《天咫偶闻》卷二："于忠肃祠，在裱背胡同。芜废已久，近始重修，浙人逢春秋闱，居为试馆。"南海《梁氏家谱》载有南海人梁颖童年赴省城广州应试时难以落宿的窘况道："颖年十五，随先从伯炽南茂才应童子试，时侍家君读书城西。每当院试，半肩行李惶惶谋一夕地。遂慨然曰：'安得有志之士为我房设立试馆乎？'自是而后，几无日不存诸怀也。"该"马滘房松陵公试馆"应是某宗族在广州城中为本族弟子建立的落脚点。民国前广州诸如此类"试馆"

很多，再试举几例：

香山慕桥李公试馆，位于"省城小南门外聚贤坊"，乾隆四年（1739）建，是香山县（今中山）小榄镇泰宁坊李氏舆山祖房族人在广州设立的书室。①

增城何氏试馆，由何氏七郎祖裔派下的旋卿祖房子孙于乾隆年间在广州城秉政街仁巷建立。试馆建立后，制定规例，规定："试馆原为大科小试士子而设。当科岁之期，本房子孙云集，必先自住足用，方可租赁。"②

新会李氏铎泽试馆，由三世祖"铎泽房子孙捐款而成，因将售价购地于担杆巷，自建为铎泽试馆"③。

民国前广州诸多试馆供外地来省城考生免费或便宜收费住宿，且有适当帮助。对考中后新任官员，馆中尝请其任意捐资。对名落孙山或经济困难者，可资助还乡。另外，试馆亦为外地同姓弟子晋省办差、诉讼、输粮、经商诸事宜提供居所。

清"试馆"石额

① 李喜发纂修：《香山李氏族谱》卷三，民国3年（1913）铅印本。
② 《增城何氏族谱》卷三，清光绪二十年（1894）广州富文斋刻本。
③ 李扬芳纂修：《新会李氏宗谱》，民国16年（1927）铅印本。

民国"湘兰里"石额

　　广州市东风西路与仓边路交汇处一考古工地内发掘出土。长131厘米，纵40厘米。其上镌刻十七字：

湘兰里
民国七年戊午
广东湖南会馆建立

　　度之旧地图，该考古现场应属清代广州府城德宣街、天平街及社仁坊一带。广州向为通都大邑，商业繁茂，各地来此行商建立会馆者颇多，湖南会馆当属其一。民国15年（1926）所编《全国都会商埠旅行指南》即载有湖南会馆。又有其他书籍记载广州有楚南会馆，度之亦指湖南会馆。

　　此"湘兰里"即为湖南会馆所在地。"湘兰"一词极富情韵，盖取楚辞中香草美人之蕴意。

　　湖南会馆成立后，曾邀请在粤湖南籍两广总督谭钟麟题写楹联，联曰：

　　　　粤壤接衡郴，风景不殊，好徵荆楚岁时记；
　　　　宦游来岭峤，云山在望，常念桑梓恭敬诗。
　　　　　　——清两广总督谭钟麟

　　　　五岭聚萍踪，沅芷澧兰，列坐恍如香国会；
　　　　三湘联梓谊，玉山珠海，相逢莫作异乡看。
　　　　　　——清两广总督谭钟麟

　　谭钟麟于光绪二十一年至二十五年（1895—1899）任两广总督职，故该湖南会馆之肇建至迟不会晚于光绪二十五年（1899）。

民国 "湘兰里" 石额

民国驻粤滇军纪念碑座

高 93 厘米，边长 68 厘米。原置于广州城北二望岗驻粤滇军墓园内，后因政局鼎革及市貌变迁而致滇军墓园荡然陵析，杰构散佚，此石制纪念碑即是墓园之遗子。现纪念碑上原有的方锥形碑身已失佚，仅存碑座。碑座四面镌刻挽联共八幅如下：

间关万里来作百粤长城为国竟捐躯珠海尽倾同泽泪；
转战三年莫挽中原浩劫回天终有日黄泉不死壮夫魂。
政务总裁陆荣廷撰题。

铜柱郁千寻男儿马革裹尸死当不朽；
珠江流万古父老岁时伏腊生有馀悲。
政务总裁陆荣廷撰题。

大勋未集群虏方张使毅魂有知便作鬼雄须杀贼；
万里长征连年暴露念息肩无所早清海甸与休兵。
政务总裁滇川黔靖国军总司令□□□（按：应为唐继尧）。民国七年十一月桂林□□□书。

氛祲未全消猿鹤虫沙同一恸；
精灵应不泯旂常俎豆已千秋。
粤赣湘边防务督办驻粤滇军总司令□□□（按：应为李根源）。民国七年十一月桂林□□□书。

以言救国易以身救国难频年被发缨冠铜柱功名偿夙愿；
死者成其仁生者怀其烈尔日黄蕉丹荔珠江风月妥忠魂。
政务总裁□□□（按：应为岑春煊）。民国七年十一月桂林□□□书。

转战千里远戍三年掷几许头颅赢得半壁河山更休问绿草白云暗销悲泪；

南国长城北门锁钥分一片旌旗移作东邻保障已扫尽狼烟蜃雾堪慰忠魂。

政务总裁□□□（按：应为岑春煊）。民国七年十一月桂林□□□书。

归榇漳江收烈士黄花同一哭；

铭勋华表在战功白骨名千秋。

众议院议长□□□（按：应为吴景濂）。民国七年十一月桂林□□□书。

安百粤定南雄艰苦备尝方期努力锄奸同饮黄龙伸大义；

下两阳克高化功勋迭著太息捐躯报国横鞭白马吊忠魂。

参议院副议长□□□（按：应为褚辅成）。民国七年十一月桂林□□□书。

该碑刻立于 1918 年 11 月，由时任驻粤滇军总司令岑春煊、唐继尧、李根源等撰联，以祭奠驻粤滇军自 1915 年至 1917 年间在反袁护国、入粤击溃龙济光龙觐光部、北伐驻军粤北韶关等事件中死难殉国的滇军将士。上述撰联者皆是民国初年知名军政人物，史乘俱载，无须赘述。值得注意的是，1918 年 5 月取消广州大元帅首领制，改为政务总裁（7 人）合议制：岑春煊、伍廷芳、唐继尧、陆荣廷、唐绍仪、孙文（即孙中山，未就任）、林葆怿。

民国驻粤滇军纪念碑座

雜項篇

本篇所辑杂项类有铭文物，主要包含漆木牙角、印章、钱币及其他四类，从不同角度体现了广州历史文化发展历程和地域特征。

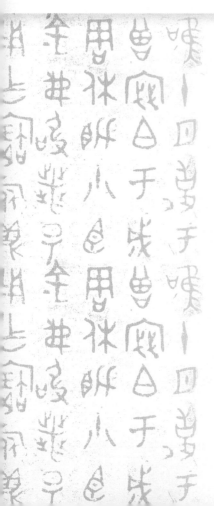

■漆木牙角

　　本单元辑录漆木牙角器，"蕃禺"漆盒自广州秦墓出土，"蕃禺"即"番禺"，是秦汉时期南海郡治，此属目前"番禺"地名见于考古实物最早的一例；"甫九"樟木是民国初年广州东山龟岗汉墓出土的刻辞樟木，该南粤古冢在当时曾引起中国考古学界广泛关注；明代天蠁琴及寒涛琴均属岭南名琴，流转有绪，为古琴界所珍视；明代象牙朝笏主人陈绍儒其人见载史志，为粤中名宦；民国陈纳德象牙烟盒为蒋介石所赠，是中美联合反法西斯的历史见证。

秦"蕃禺"漆盒

1952 年广州西村石头岗秦墓出土。椭圆长形，形制完整，长 28 厘米，木胎黑漆。盖面朱绘云纹，烙印有两字篆文：

蕃禺

"蕃禺"即"番禺"，是秦汉时期南海郡治，此属目前"番禺"地名见于考古实物最早的一例。漆盒烙印显示应为当时番禺公官作坊所制。

"番禺"是南粤一个古老的地名，从广州地区秦汉考古出土的诸多带有"蕃禺"或"番（蕃）"铭文的文物即可为徵。自古至今，"番禺"二字之含意众说纷纭，系而论之，一为"番山、禺山说"，一为"番山之隅说"，一为"古越语音译说"。带有"番（蕃）禺"或"番（蕃）"铭文的文物在两广秦汉考古中多有发现，计有：广州西村一号秦墓出土漆盒上烙印有"蕃禺"二字；广州象岗山南越王墓出土铜鼎，有一些刻有"蕃""蕃禺"铭文；南越国宫苑遗址石构水池石板面上有阴刻"蕃"字；南越国宫苑遗址西汉水井出土木简有"蕃池""蕃禺人"文字；广西贵县罗泊湾1号汉墓出土铜鼎上刻有"蕃"字；香港九龙东汉墓出土有"番禺大治历""大吉番禺"铭文砖；广州市先烈路沙河顶东汉墓出土有"番禺丞"铭文砖；番禺区钟村镇屏山东汉墓出土有"番禺都亭长陈诵""番禺男□初五年十月□子"铭文砖。"番禺"地名出现频率之高，涉及范围之广，在全国历史文化名城中实属罕见，可知甚有渊源。

秦"蕃禺"漆盒

汉 "甫九" 樟木

1915 年在广州市东山龟岗发现的南越大墓之刻辞樟木之一，乃民国粤中学者蔡守后人捐献。高 35 厘米，宽 29.6 厘米。刻隶体二字：

甫九

当初发现整理者称之为"黄肠题凑"，汪兆镛记载曰："乙卯（1915）夏五月，广州大东门外东山庙前龟岗土人治地，发见古冢。往视之，冢中诸物星散，隧道亦已湮没。惟见大木十余章置通道旁，每木端刻'甫若干'，字隶体而有篆势。"

"黄肠题凑"一名，最初见于《汉书·霍光传》。根据汉代礼制，黄肠题凑与玉衣、梓官、便房、外藏椁同属帝王陵墓中的重要组成部分。但经朝廷批准，个别勋贵也可使用。目前，在中国北京大葆台，河北石家庄，湖南长沙，江苏高邮、扬州等地相继发现了使用黄肠题凑的西汉诸侯王王室墓。"南越木刻文字"是在 1915 年广州东郊龟岗汉墓中发现的。龟岗汉墓的发现是广东乃至全国近代考古史上的大事，曾引起了广泛的关注。

1915 年 5 月，美洲归侨黄葵石在广州东郊龟岗购地建房，在挖掘地基离地丈余深处发现有一古冢，乃是"一堂三房"的格局，冢内有不少古物，但随即陆续被人哄抢瓜分。墓中原有的状况如何及有多少文物已无从知晓，只知道业主黄某拾捡得 40 余件古物。该古墓被发现的四个月后才为政府方面关注。首先关注的是广东通志局的谭镳。谭镳（1863—1924），字康斋，号仲鸾，广东新会县人，肄业于学海堂，光绪十五年（1889）举人，梁启超之表兄。谭镳到达该墓时，墓穴已被清扫一空，但还是对墓穴进行了详细的考察，并撰《拟上朱庆澜省长保存汉初木刻字书》一文，建议政府予以保护。据文章介绍，墓室没有棺木，空荡荡的，尚存被人毁弃的头骨一片、手足骨数节。冢的四旁用坚厚的香木密筑，木外护以木炭防潮，冢木的上盖多已破坏，惟铺地木上多完好。墓内有周秦汉初古物甚多，其中以瓦器为最，除此之外还有铜器、玉璧、古镜及钱币等，据说多聚集于冢墓之中堂。这批古物除业主自己收回 40 余件外，都已散佚无存。谭镳还在冢堂铺地木端发现了一些古文字，这些刻于木上的古文字分别是："甫五""甫六""甫七""甫八""甫九""甫十""甫十二""甫十三""甫十四""甫十五""甫十八""甫廿"。另有两枚损漶不清，约为"甫十□"和"甫□一"。

汉"甫九"椁木

明"天璽"琴

通长126.7厘米，隐间116.5厘米，肩宽19厘米，尾宽13.4厘米，厚5.2厘米。形制响泉式，原饰朱漆，修复后改黑漆，小蛇腹断。七黄玉弦头，琴面有十三徽位，玉轸，玉制雁足。桐木面板，镌刻三十九字：

天璽
万年永宝
式如先，式如金，怡我情，声我心，是谓天璽之琴。
东樵铭 "东樵"（印）
岭南潘氏海山仙馆宝藏

璽，是一种能发声的虫子，类似于蟋蟀。《说文》："璽，知声虫也。从虫，卿声。"天璽，意谓天然之声音，以喻琴声出自天然，发自本心，天人合一。

天璽琴造型古朴，凝重端庄，传为唐代成都名琴匠雷氏所制，为著名诗人韦应物所有。后归属南明内府，南明亡后，再流落民间。清嘉庆、道光年间广州富商潘仕成重金购之于北京，潘氏败落后，该琴又为蔡次葵（遠）所得，入民国后再归于潘珏卿。（按：言天蠁琴为唐琴不甚可靠，说是韦应物故物，更系无端臆说，但自清代中期以来先后为潘德畲等所有应该属实。）

广东有"四大名琴"之说，指的是四张公认为知名度最高的唐宋古琴。"四大名琴"所指不一：一指春雷、绿绮台、秋波、天蠁四琴；一指绿绮台、天蠁、都梁、松雪四琴；一指松雪、天蠁、振玉、流泉四琴。上述说法虽各异，但"天蠁"均居其中。

1940年，广东文化精英多人为避日寇而僑居香港，为激发人们爱国爱乡、抗御外辱之情志，将所携广东文物在香港大学冯平山图书馆举办了"广东文物展览会"，会上除张大千所藏的"春雷"外，其他三把名琴均聚首一堂，一时轰动港粤。

明"天蠁"琴

明"寒涛"琴

朱执信四弟朱秩如捐赠。为伏羲式，体格颇扁，略有唐代遗风。朱漆，有大蛇腹断纹，肩与背断纹颇多。琴身通长123厘米，肩宽20厘米，尾宽13.5厘米。七弦，琴面有十三徽位，琴底双雁足，镌刻四字：

寒涛

石斋（印）

寒涛琴系粤中名琴之一。相传最初为新会大儒陈献章所用，其后人因家贫，将此琴交付新会制琴家高仲和修理并委托其出让，高氏遂介绍番禺名士朱启连（朱执信之父）购下。陈献章（1428—1500），字公甫，号石斋，新会白沙乡人，世称白沙先生，明代著名理学家。历经明代中期政局动荡的陈献章，自京城返回家乡后，潜心学问，著有《白沙子全集》。陈献章通晓音乐，琴学造诣很深。"寒涛"二字，即为陈献章所命名。

朱启连酷爱此琴，作《寒涛琴铭》记述此事，文曰：

> 琴为白沙先生物，子孙世守四百余年，休矣，其乡后进高君仲和为修完之。故贫，不能有，价高以售于余。试其音，如长松茹风，清远而聚，往复匼匝而不厌。寒涛之名，白沙所命欤？余惟古今人物，恒相待人之有。白沙琴之有寒涛，未始相胜也。琴不以白沙重也，然使不幸而辱于钤山堂，余能满意乎！物固有无遇于人，而精气足以自存者。及得所主，而考其流传之绪录，录者将齿及焉。然则人有时反以物重也。嗟乎！同德之君，不足为喜，免死之粟，不足为忧。明夷之贞，斯可为吊也。夫

士之介然者，宁与庸保为伍，必不与宵小为缘。依若是则已矣，而遂得其朋与之游处，则是亦可愿也。铭曰：霜而落兮，石之荦确兮，飚而蹇兮，蛟龙之喧兮。突而逝兮，不可以系兮。泆而泅兮，群浮一摧兮，搏兮激兮，臧失色兮。萦兮，迎且愉兮。折而上兮，婉难忘兮，殷隆隆兮，世固聩以终兮。

此序以"古今人物，恒相待人之有"为主旨，指明琴与人正是相依相存的关系，"钤山堂"为明奸相严嵩的斋号。朱启连认为，此琴虽音韵上佳，然不幸落入奸人之手，譬如明珠暗投，其琴自身也并非情愿。

朱启连尝作《琴词》十九首，其咏寒涛琴诗曰："两美相逢乐可知，重阳过后一期终。素心人自星岩返，正是寒涛入手时。"

朱启连精诗文、书法，尤以琴学的造诣最深，著有《鄂公祠说琴》一书，阐述七弦琴的性能、功用、指法、弦法等原理，以及琴的制作技术，分析了自然现象对琴发音的影响，为中国乐器制造提供了宝贵的经验。

明清以来，岭南著名琴家辈出，古琴音乐形成独特的演奏风格，自成一派，被称为"岭南琴派"，在中国古琴诸派中独树一帜，寒涛琴就是岭南琴派的佳作。

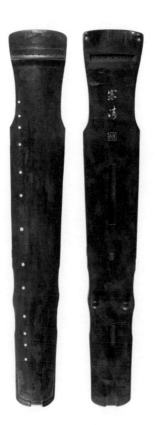

明"寒涛"琴

明"南京工部尚书陈绍儒"朝笏

1954 年南海沙贝村农会捐赠。长 53 厘米，宽 6~7.5 厘米，厚 0.4~0.6 厘米。长条式弧形象牙板，上窄而薄，下渐宽厚，光泽圆润。左下侧内刻楷书｜字：

南京工部尚书臣陈绍儒

陈绍儒是岭南名士、清初岭南三忠之一陈子壮的曾祖父，家居南海县黄岐堡泌冲沙凤村（今属广州市白云区石井镇沙贝），今尚有陈氏大宗祠。

陈绍儒，《明史》无传，在《张居正传》中有提及，言其因反对张居正新政而遭排兑。屈大均《皇明四朝成仁录》载："陈子壮，字集生，别号秋涛，南海人。曾祖父陈绍儒南京工部尚书。"《陈氏宗谱》记载较详：

陈绍儒，南海黄岐堡泌冲沙凤村人。明嘉靖十七年（1538）进士，历任户部主事、员外郎、郎中，湖广按察副使、福建参政，补四川参政，转四川按察使，升广西右布政使，补云南左布政使、顺天府尹，调太常寺卿，累官南京工部尚书。绍儒明习财计，任内智理钱粮，能诘发混窃奸宄，革除仓库积弊，议复漕运例限，节省京边冗费二十余万两。在湖广副使任内，修筑老龙诸堤以防水患，捐俸赈济饥民，存活万余人，襄樊人因而立碑纪其事。退归后，淡泊自守，深究经理，文尚史汉，诗踪少陵，著有《大司空遗稿》十卷。

明代规定五品官员执象笏，六品以下执木笏。见《明史》卷六十七《舆服志》：

> 一品至五品，笏俱象牙。……六品至九品，俱槐木。

陈绍儒官至南京工部尚书，秩二品，笏以象牙，合于礼制。

永乐年间（1403—1424）迁都前，曾置行在六部，设尚书。迁都后官署北移，不称行在，原南京官署加南京二字，亦置尚书一人，秩同北京。

明"南京工部尚书陈绍儒"朝笏

民国陈纳德象牙烟盒

　　该象牙雕香烟盒，是1945年蒋介石送给为中国抗日战争作出过突出贡献的美国空军志愿队领导人陈纳德将军的。烟盒圆柱形，由盒身、盒盖和天窗三部分组成，通高8.5厘米，底径7.7厘米。子母口，通体象牙质。盖上天窗为方便取香烟而设。盒底刻有"广福象牙号出品　广州市大新路三四号"十六字。盒身刻有图画3幅、文字4篇，其中画以李白《春夜宴桃李图序》为主题。另3幅图画均有诗文相配。第一幅为以山水风景为题材的画，与其相配的诗文为《调寄如梦令四阕渔樵耕读》。第二幅为虎啸图并题诗。第三幅为飞龙图并题诗。盖顶天孔盖上也有一幅山水风景图，其画面、风格与盒身山水图相似。

　　烟盒盒身阴刻有二十字："陈纳德将军留念。蒋中正赠。三十四年八月于重庆。"知此盒乃蒋介石于1945年8月在重庆送给陈纳德将军之物。

　　该烟盒的表面积总不过400平方厘米，却刻有图画4幅、文字406个，且这些文字需在数十倍放大镜下才勉强可以看清辨识，图文并不显拥挤，布局合理，雕刻技巧非常娴熟。且所刻诗文文字华丽，韵律优美，意境悠远；图画用笔简练，构思巧妙，功力深厚，其意境恰与诗文相对应，高妙超绝，独具匠心，非名家难臻于此。

　　烟盒刻有四百一十五字，内容如下：

　　春夜宴桃李图序

　　夫天地者，万物之逆旅；光阴者，百代之过客。而浮生若梦，为欢几何。古人秉烛夜游，良有以也。况阳春召我以烟景，大块假我以文章，会桃李之芳园，序天伦之乐事。群季俊秀，皆为惠连；吾人咏歌，独惭康乐。幽赏未已，高谈转清。开琼筵以坐花，飞羽觞而醉月，不有佳作，何伸雅怀？如诗不成，罚以金谷酒数。

　　丙子夏月　先觉刊于羊石大新路广福画室

　　生爱沉潜觅利，且喜烟波适志。举网得嘉鱼，携取葫芦赴肆。且醉，且醉，一任江天月落。

　　任是层峦叠障，愈觉心怡神旷。日午荷薪归，高下歌声迭唱。眺望，眺望，满往白云迷障。

犁雨锄云不息，归识大耘协力。两造得丰收，八口居然足食。俭啬，俭啬，免至催租追逼。

竭尽三余苦力，潜考五经典则。其味觉无穷，玩索欣然自得。勿息，勿息，修到文章华国。

班寅赢得号将军，月里深山星目分。

长啸一声风括地，雄跳三励兽奔群。

不堪羊质披文炳，无奈独行假焰重。

螫毒由来人共俛，岂知更有猛衫君。

丙子夏月　先觉刊于羊石广福画室

天之机，不可测，伸而仰，仰而伸。皆是颠倒英雄，翻弄豪杰，处君子只是逆来顺受，虽天亦无所用其技矣。

丙子年夏　先觉刊于羊石广福

陈纳德将军留念，蒋中正赠，三十四年八月于重庆。

民国陈纳德象牙烟盒

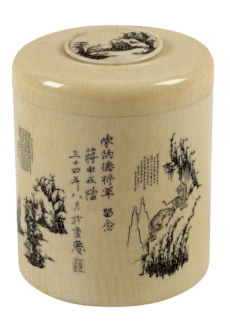

民国陈纳德象牙烟盒

　　陈纳德是美国空军退休军官，1937年应中国国民政府的邀请来，来到正处在日寇侵略的中国扶危救困，受聘为中国空军顾问，协助中国建设空军，为保卫中国领空而战。1940年他回美国招募空军志愿队来中国参加对日战争。他领导的美国空军志愿队（俗称飞虎队）和第十四航空队共摧毁了2600架日机，击沉和击伤了220万吨以上的日军商船和海军舰只，击毙了6.67万名以上的日军。他的机队与日机战斗的损失比，达到了1：80的惊人比例。在保卫昆明、重庆，保护滇缅公路，开辟驼峰航线（又称死亡航线）等方面均取得了辉煌的胜利。

1951 年冯公侠牙雕字屏

1951 年广州冯公侠制作赠给中国人民志愿军的象牙字屏。刻有五十六字：

吟罢紫叶乐志诗，托琴筝下立移时。平生别有无弦趣，诉与湘君总不知。

竹篱草阁半藏云，重叠幽篁一水分。野老襟怀宜旷远，囊琴遍踏古苔纹。

部分字脱落，有异体字，配合画面，述写寄情山水恬澹旷远的惬意心境，为传统的文人诗画情愫。制作者冯公侠（1894—1963），广东著名象牙雕刻艺人，尤其精擅象牙微雕。1928 年在广州创办象牙雕刻工艺室，专门从事微雕技艺，曾于 1931 年在一粒象牙米粒上雕刻孙总理遗嘱共 154 字，一时轰动羊城，名扬海外。1961 年，为庆祝中国共产党成立 40 周年，他在长 21.7 厘米，高 9.3 厘米的象牙上雕刻《共产党宣言》2500 字。

1951 年冯公侠牙雕字屏

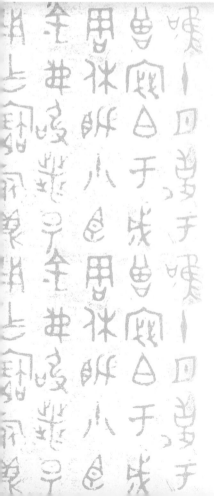

■印章

　　本单元辑录汉至清代印章，其中"李嘉""辛偃""成相私印"等印悉属汉代私人印章，合乎汉印规制；"军司马印""晋率善羌伯长""平西将军""部曲将印"为武职官印，可考证汉魏军制；六面铜印多流行于晋南朝之吴地，岭南亦有此类印出土，可见当时江南与岭南地区的交往；"许申之印"玉印主人许申为广东潮州许氏先祖之一，粤中名宦，史志有载。"番禺县尉司朱记"铜印为北宋番禺县尉司官印，由中央少府监铸并颁发；"平安家书"铜印属书信类印章，是展示中国古代邮政文化的重要材料；"伍氏紫垣"玉印及"南海伍氏"铜印为清代广州行商巨富伍氏家族遗物；黎简、陈兰甫、区赛诸粤中名流印章，则为典型的文人书画用印，清代粤中文事方殷，亦见于方寸之间。

汉"李嘉""辛偃"等印

西汉早期出土印章以小印为主，大部分为穿孔覆斗纽，材质有铁、铜、玉和玛瑙，具有典型的汉印特征，私印多为铸制，除常见的一面印外，还有两面印；文字还是以小篆为主，总的风格是匀称方正、端庄浑穆。汉代官用玉印不多，但私用玉印不少，广州汉墓出土玉印都为白文覆斗纽，因玉质坚硬，难以受刀，白文印不可能刻得非常粗壮，只能用"平刀直下"的"切玉法"，粗看笔画平直规整，但无板滞之感，例如："李嘉"印粗看笔画平直，细看则遒劲有力；其印面布局合理，视觉感受美观。

汉"李嘉"玉印：1957年广州华侨新村竹园岗汉墓出土。长宽2厘米，印面布局合理，均衡美观，白文篆书二字印文：

李嘉

印文依据笔画的繁简，采取相互倚让之章法，"李"字约占1/3，而"嘉"字占2/3。该墓葬因出土李嘉玉印，因而称之为李嘉墓，随葬品丰富，陶器达100多件，有鼎、壶、罐、熏炉、三足盒等，另外，还有铜器、漆器和玉器，从墓葬的规模和随葬品的数量看，"李嘉"应为南越国的贵族。

汉"辛偃"玉印：1956年广州沙河顶动物园内麻鹰岗汉墓出土。长宽2.2厘米，覆斗纽，白文篆书二字印文：

辛偃

汉"臣偃"玉印：1956年广州沙河顶动物园内麻鹰岗汉墓出土。长宽1.5厘米，覆斗纽，白文篆书二字印文：

臣偃

"辛"应为姓，"偃"为名；"臣偃"表明臣属关系，墓主"辛偃"应为南越国官宦。

汉"梁奋、臣奋"印：1956 年广州麻鹰岗汉墓出土。长宽 1.3 厘米，高 0.5 厘米。双面各有二字印义：

臣奋

梁奋

"梁奋"为人名，"臣奋"表明臣属关系。墓主均以臣自称，表明其应为南越国的官宦。

汉"赵安"玛瑙印：1955 年广州华侨新村汉墓出土。印面长宽 2.2 厘米，高 1.6 厘米，覆斗纽，阴文篆书扁长二字印文：

赵安

此玛瑙印的出土在南越国的墓葬中是仅见的，墓主"赵安"很有可能是南越国赵氏集团的贵族。且该"赵安"印与广州象岗山南越王墓出土的同时期"赵眜"玉印（印面长宽 2.3 厘米，高 1.6 厘米）大小几乎一样，都是覆斗纽白文篆书、"姓"在左，"名"在右。他们极有可能是赵氏贵族，这与汉政权的家天下、同姓王的思想相一致。

汉"成相私印"铜印

铜质，鼻纽，平直方正，长宽边各 1.5 厘米，制作规范，古拙质朴。铸阴文二行四字：

成相私印

这枚铜印属私印型，从形制、文字来看，初步推测其为东汉之物。

学界于古印玺研究中，详于官印而略于私印。两汉私印数量很多，形式丰富，其文字、材料、制法，与两汉官印相近，风格更加多样，用途形制更广泛。两汉私印概而计之，有名印、吉语印、肖形印三大类，其中以姓名印居多。汉姓名印以印面镌刻姓名为基本特征，多阴文，姓名下加"印""之印""私印""印信""信印"等，也有的名上加"臣"或"妾"的，后者指女性。所用质料有铜、玉、琉璃、木、石、银等，以铜为主，其次是玉印。形状主要有正方、长方、圆形几种，方形印边长多在 1.2~2.3 厘米之间，普遍比官印小。私印纽制，大凡玉印多覆斗纽，铜印则主要有桥纽、龟纽、坛纽、辟邪纽等。西汉中期以后出现了子母套印，母印中空，子印套进母印中空处，多两印一套，也有三印一套的，设计巧妙。

广东出土两汉私印亦屡见之，最著名的当属广州象岗山南越文王墓出土的"赵眜""赵蓝""眜"等印章。1993 年广东湛江五里乡汉墓也出土了一枚龟纽铜印，现存湛江市博物馆。长 2.5 厘米，宽 2 厘米，通高 1.3 厘米，印文"臣固私印"。为一名官员私印，略姓，名"固"。2001 年广州恒福路银行疗养院汉墓出土一枚琥珀质龟纽私印，纽底有双穿圆形小系孔。方形印台，印面边长 1.3 厘米，通高 1.5 厘米，阴刻篆文"毛君明印"，为西汉时物。

汉"军司马印"铜印

铜质，鼻纽，平直方正，长宽 2.1 厘米。制作规范，古拙质朴。铸阴文二行四字：

军司马印

军司马，汉领兵武官名，两汉校尉所领营部，置其官以佐之。不置校尉之部营，则置为长官，又置军假司马、假侯为副职。秩比千石。魏、晋、南朝皆置军司马职，执掌秩禄各有不同。《汉书·百官公卿表》曰："元狩四年（公元前 119）初置大司马"，应劭曰："司马，主武也，诸武官亦以此为号。"又《后汉书·百官志》曰："大将军营五部，部校尉一人，比二千石；军司马一人，比千石。"

军司马、军假司马、假司马、别部司马均为大将军之属官，其印常有出土或传世者，尤以东汉时期居多。

军假司马为军司马之副职，假，犹言"副"。西汉时也已有之，《汉书·韩延寿传》云："延寿在东郡时，试骑士……五骑为伍，分左右部，军假司马、千人持幢旁毂。"又《汉书·赵充国传》载：充国"武帝时，以假司马从贰师将军击匈奴，大为虏所围"。《后汉书·班超传》载："奉车都尉窦固出击匈奴，以超为假司马，将兵别击伊吾，战于蒲类海，多斩首虏而还。"超后到鄯善，杀匈奴使者，一国震怖，窦固大喜，具上超功效。帝壮超节，"以超为军司马，令遂前功"。受使西域。又："平陵人徐干素与超同志，上疏愿奋身佐超。五年（建初五年，80），遂以干为假司马……八年（83），拜超为将兵长史，假鼓吹幢麾，以徐干为军司马。"

晋 "晋率善羌伯长" 铜印

铜质，骆驼纽，平直方正，长宽2.2厘米。制作规范，古拙质朴，属魏晋型印。铸阴文三行六字：

晋率善羌伯长

这类 "率善" 印信流行于魏晋时期，是中央王朝颁发给周边归附的少数民族首领的官印，诸如 "晋归义胡王" "亲晋羌王" "晋率善胡邑长" "魏乌桓率善仟长" "魏率善氐伯长" "魏鲜卑归义侯" "魏匈奴率善佰长" 等，多铸以骆驼纽、马纽、羊纽，以体现民族风格。

三国时期，各方征战不断，晋以武力统一，但社会经济已遭到巨大的破坏，政权的社会基础薄弱，五胡十六国相继而起。出于政治考虑，晋沿用曹魏的政策，对各部族首领多行册封。存世的汉、魏、晋颁发给少数民族的官印以晋所颁者数量为最多，内容几乎涉及当时此类官印的各部族与称号。此印即晋政权颁发给羌族下级首领的官印。罗福颐《秦汉南北朝官印徵存》引《晋书·北狄匈奴传》道："北狄入居塞者有屠各、鲜支、寇头、羯等凡十九种，皆有部落，不相杂错。"按：少数民族史称杂胡，晋胡印殆多是赐给此类杂胡大人之印章。

晋 "晋率善羌伯长" 铜印

羌，古族名，世居今川陕甘青地区，部落甚多，东汉末内附，部分迁徙内地。魏晋时其首领多受中央政权颁印册封。

晋"平西将军"铜印

铜质，鼻纽，平直方正，长宽2厘米。制作规范，造型质朴，属魏晋型印，印文书法也较工整，应为魏晋物。铸阴文二行四字：

平西将军

该印属于魏晋南北朝时期武职官印之一，是秦汉官印系统武吏印中数量最多的一类，考古出土或传世品较多，是当时国家长期处于割据纷争状态的产物。

平西将军官名始于东汉末年，《三国志·蜀志》载刘备置平西将军，以马超任之。建安二十四年（219），群臣奉刘备为汉中王，上表于汉献帝时，马超以此职列名首位。三国魏时与平东、平南、平北将军合称"四平将军"，多持节都督或监察某一地区的军事，有时亦作为刺史等地方官员兼理军务的加官，魏晋南北朝皆置此职，品秩各有不同。隋初列为散号将军，从六品上，隋炀帝大业三年（607）罢废。

晋"平西将军"铜印

晋"部曲将印"铜印

1953年广州市龙生岗晋墓出土。铜质，鼻纽，通高2厘米，台高0.9厘米，边长2.4厘米，重54.1克。刻白文篆书两行四字：

部曲将印

"部曲"原系汉代军队编制的名称。"部曲将"这一官职设置在东汉末年，普及于魏晋时期。统领部曲的将领为"部曲将"。"部曲将"归部曲督管。《通典·职官十九》："晋官品列部曲督第七品，部曲将第八品。"

"骑部曲将"当是一个官职，部曲之名见于《汉书》。《后汉书·百官志》载："大将军领军皆有部曲。大将军营五部，部校尉一人，比二千石。军司马一人，比千石。部下有曲。"《马武传》："世祖使将其部曲。"《晋书·朱何传》中有记载，晋时有骑部曲将，其官秩在骑部曲督之下，其地位和部曲将相当，但所领的兵种不同，部曲将领步兵，骑部曲将领骑兵。这应当是对骑部曲将最为明确的记载。据清代永瑢纂《历代职官表》卷五十八参将游击等官表载，部曲督、部曲将，仅著魏设。盖引裴松之《三国志·魏略》曰：郝昭入军为部曲督。又《魏志·三少帝本纪》，散将王起为部曲将。《金石索》及各印谱集汉官印中，就有部曲督印、部曲将印，复有骑部曲将印、副部曲将印，则部曲将当非魏创，实汉有也。

部曲将印常于新旧印谱中著录，如其中旧谱以《十钟山房印举》著录部曲将印计有54方为最多。新谱中以《秦汉南北朝官印徵存》著录部曲将印11方。此外，历年考古发掘中，又有大量出土，故部曲将印存世较多，可作为史籍的佐证。

南朝"周承公"六面铜印

1957年广州市东郊华南工学院晋墓出土。边长1.9厘米，高3.2厘米。长方体台纽，纽下部有圆形系孔。台印为正方体。台纽顶面、印面和印台四侧面均刻有篆书印文。台纽顶面刻"白记"二字，印面正面刻"周承公"二字，印台四侧面分别刻"周君时""周承公白事""周承公白牋""臣承公"。

印文中"周承公"是印章主人姓名；"周君时"是印章主人的别号、别名；"白事""白记""白牋"中的"白"是明示、表白的意思，行文中又具有述事、陈词、告语的含义；"牋"，也作笺，行文中有表识的含义，近似于近人之手书、手启。凡此诸种，分属不同用场。"臣"，便为下级对上级所用的谦称用语，既然称"臣"，其身份应是官僚。

在中国印学史上，晋南朝时期流行一类六面印，即在一方铜质印上分别六面镌刻主人的姓氏名号等，属私印性质。这类六面私印在江南吴地多有出土。

南朝"周承公"六面铜印

宋"许申之印"玉印

寿山石质，弧形桥纽。高 2.1 厘米，长宽 2.2 厘米。阴刻两行四字印文：

许申之印

许申，字维之，号化州，先世自泉州迁潮，居韩山麓，遂为海阳人。许申为唐宋潮州八贤之一，年轻时能文，深得当时潮州通判陈尧佐赏识。北宋祥符三年（1010），应"贤良方正"科被举荐。适逢真宗到泰山举行封禅大典，许申献赋颂，在 300 名应试者中得第一，授秘书省校书，出任鄞县（今浙江鄞州）知县。天禧元年（1017）升任韶州（州治在今广东曲江）知州。又先后任吉（州治在今江西吉安）、柳（今广西柳州）、建（州治在今福建建瓯）三州的知州，再升任广南西路提点刑狱。宋景佑二年（1035）后，任度支判官、工部郎中、江南东路转运使。 宋神宗时，许申曾极力陈说新法流弊，触犯宰相和执政官，被贬迁湖南，后复任广南东路转运使，官至刑部郎中。见识通达，为文渊洽，著有《高阳集》。

古籍诸如《粤大记》《潮州府志》《潮阳县志》《潮州人物志》《广东通志》《惠州西湖志》等所记略同。

许申被后世人列为"唐宋潮州八贤"之一，亦为广府"许地"（许氏家族）之远祖。

宋"平安家书"铜印

铜质，方形，印面长宽 3.5 厘米。九叠篆刻两行四字印文：

平安家书

　　此印属于书信类印章。书信类印章常见印文除"平安家书"外，尚有"鱼雁往来""中有尺素""家书万金""千里如面""千里一心""鸿雁归时好寄书"等，其特点是个性化和文学化，多引用象征书信文化的典故和诗词章句。这类书信印章最早出现在何时不明，至迟不晚于宋代，后世一直流行。各种材质、各类书体均有，其用法一般钤盖在信封上寄信人名字的后面，是书斋文化的常见表现形式，也是研究和展示中国古代邮政文化的重要材料。

宋"番禺县尉司朱记"铜印

铜质，枨纽，通高 4.5 厘米，边宽 4.1 厘米，印文书体近似九叠篆，共九字；印背刻楷体八字。此印铸造于北宋英宗治平元年（1064），其规格、印文及书体均符合宋代官印制度。印文：

广州番禺

县尉司朱记

治平元年

少府监铸

县尉，秦汉即设置，其与县丞、主簿同为县令（县长）之属僚，乃县内高级佐属，总辖于县官，此设置延至明清变化不大。县尉，职掌一县逋盗治安事务，秩九品上或下；县尉司，即县尉办公治事之署，或简称尉司。朱记，印章之别称，据《宋史·舆服志》："监司、州县长官曰印，僚属曰记。又下无记者，止令本道给以木朱记，文大方寸。"此官印与之相合。少府监，始置于隋大业三年（607），北宋沿设，或简称少府，执事官名少府都监，为掌管宫廷手工业的官署，北宋称少府监，南宋并入文思院。据《宋史·职官志》，其职"掌造门戟、神衣、旌节、郊庙诸坛祭玉、法物，铸牌印朱记，百官拜表，案、褥之事"。此官印由中央少府监铸并颁发。

元"鲍记""王记"等花押铜印

各铜印印文如下：

花押形制有方形、长方形或其他杂形，印面一般上端楷体书写姓，姓下有一花形图案或变体的"记"字。

押，也称"押记""花押""署押"等，是指在公文、契约上的签字或画上某种记号，以作凭信。押字于宋代广泛应用，据宋周密《癸辛杂识》记载："押字不书名，余近见先朝太祖、太宗时朝廷进呈文字，往往只押字而不书名。初疑为检底而末乃有御批，殊不能晓。后见前辈载乾淳间礼部有申秘省状，押字而不书名者，或者以为相轻致撼。"范石湖闻之，笑而陋，云："古人押字，谓之花押印，是用名字稍花之，如韦陟五朵云是也。岂唯是前辈简帖，亦止是前面书名，其后押字，虽刺字亦是前是姓某起居，其后亦是押字。士大夫不用押字代名，方是百余年事尔。"

押字是古人画诺之遗。六朝时有凤尾书，亦曰花书，后人以它入印。元代的"花押印"，一般为平民用印，为了方便起见多使用画押印。"花押印"系镌刻花写姓名的印章，始于宋，一般没有外框，签押得使人不易摹仿，作为取信的凭记。其形多为长方，通常上刻楷书姓氏，下刻八思巴文或花押，均各具特色，后世称为"元押"。

明"太上老君敕"铜印

铜质，把纽，方形，边长 4.8 厘米。印面两侧各铸饰一符篆，正中铸阳文楷体五字：

太上老君敕

该印属于道教法印，又称为"天鉴""天玺""天信""神印""神信""仙鉴""仙信""人皇帝玺""圣真篆信""印篆""符印""玉玺"等，象征着天地人三界之中神、仙、真、灵、圣、王等上位规则制定者的权威、尊荣、法力、神通与能量。

道教修行者行法施术时所用的印玺信鉴，均名为法印。或呈有形之态、或为无形之状。有形的法印多是将道教的图、纹、符、篆、箓等图文，以桃木、朱砂石、玉石镌刻而成，或以铜、金、银等金属铸造而成。代表法物有：道经师三宝印、灵宝大法师印、太上道祖律令法印、上清天枢院印、都天大法印、玉皇印、天地神印、三界混元总摄万神印、九龙神印、五帝大魔印、天师印、通灵印、提举城隍司印、黄神越章印、九天玄女印、城隍印、雷霆都司印、番天印等等。无形的法印是以罡步、咒语、法诀和指法为印。二者同样具有驱动神鬼之力、增强自身能量、改变事物运行轨迹的功能效用，为道门历来珍重的至宝，广泛用于上表、呈章、书符、施咒、箓、绘纹、制篆等斋醮、科仪、法事活动。《灵宝玉鉴》卷一云："法者之为言，正也，正其邪也。亦犹德礼之有政刑以导之齐之也。故章表奏申关牒符檄又必假天府之印以示信也。印则各有师传者，欲天地神祇人鬼知所行之法有所受之也。"《洞玄经》："法印照处，魅邪灭亡。"

据《灵宝净明新修九老神印伏魔秘法》之"九老帝君神印总论"累篇记述，法印与道教的"道""一""精""炁""神"等核心观念相合，具有相当的神圣性、超越性和功效力。论曰："而知所谓情，则神印者，可易晓也。上士以印为道，道托印以行之尔。印者，如燧珠之艾炷耳。"可见法印乃是道的体现，用印即是行道。

清"伍氏紫垣"玉印

    1987年粤中鉴藏者黄宝权捐赠。寿山石质,长宽6.2厘米,高8.9厘米。一枚阳刻篆体四字印文,带七字边款:

伍氏紫垣

六十八叟次闲制(边款)

    一枚阴刻篆体四字印文,带九字边款:

臣崇曜印

次闲赵之琛仿汉铸印(边款)

伍崇曜（1810—1863），原名元薇，字良辅，号紫垣，商名绍荣。祖籍福建，后迁居南海。伍秉鉴（敦元）之子，袭父业，在广州经营怡和行，富甲天下，名列广州十三行之前茅。第一次鸦片战争期间，因居中调停，成为中外谈判之重要人物。咸丰七年（1857），第二次鸦片战争期间，英法联军攻陷并控制广州，伍崇曜为柏贵政权经办外交事宜。曾出垫赎城费，解官府燃眉之急；倡捐募丁，转运漕粮，参与平定广东天地会洪兵之乱。被朝廷钦赐为举人，授候补郎中，候选道加布政使衔，赐二品顶戴，授荣禄大夫等职衔。

制印者赵之琛（1781—1852），又名次琰，字次闲，号献甫，又号宝月山人，钱塘（杭州）人，书法刻印卓然大家，引领浙派。著有《补罗迦室集钞》《补罗迦室印谱》。

赵之琛生年乾隆四十六年（1781），边款曰"六十八叟"，时当在道光二十八年（1848），则镌制此二印当值是年。

清"南海伍氏"铜印

长4厘米，宽3厘米。刻有四字印文：

南海伍氏

　　该印没有姓名，推测应属清代广州怡和行伍氏家族成员之私印。怡和行伍氏世代经商，富甲一方，家族庞大，成员众多，不乏文雅之士，诸如伍秉镛的《渊云墨妙山房诗钞》和伍元葵的《月波楼诗钞》都是地道的文人诗集。伍元华能诗善画，著有《延晖楼吟稿》，在李濬之《清画家诗史》中有传。伍崇曜亦善画梅花小品，著有《茶村诗话》；曾出巨资校刻书籍，刊印《岭南遗书》《粤雅堂丛书》《楚庭耆旧遗诗》《粤十三家集》等大型丛书，风雅遗绪，留泽于今。

清"南海伍氏"铜印

羊城珠玑 广州博物馆典藏铭文刻辞类文物选

清吉语铜印

印文：

花好月圆人寿

愿君寿

思君令人老

安好

长乐

长毋相忘

　　清吉语铜印若干枚，形制有方形、长方形、圆形或其他杂形，印文多为吉词祝语，字体真、行、隶、篆咸备。

　　吉语印，顾名思义就是把吉利语刻成印章。这类印起于战国，汉代最盛。因为古人拜天信神，做事多尚吉祥瑞徵，所以将一些带有吉祥意义的词语刻入印章，以图吉利。这类吉语印，也可以说是后世"闲章"的起源。

清黎简"有此伤心人"铜印

长宽 2 厘米。刻有五字印文：

有此伤心人

　　据考，此铜印属黎简用印之一，用于钤印书画典籍图册。清代金石之学大兴，篆刻艺术流派纷呈，名家辈出，广东印坛也呈现出一片繁荣景象，其中最特出的当推黎简。黎简是位通才，诗文书画，无所不精，其书名为画名所掩，画名又为诗名所掩，篆刻更是他的"余事"，但亦足以称世。他的友人黄丹书为其撰《明经二樵黎君行状》，谓其"才思最敏""兼工书画印章，篆隶真草，得汉人之髓"。《顺德县志·黎简传》载其"十岁能为诗，工缪篆摹印，每取肆具范铜，父禁之不予"。可知黎简尝亲自"范铜"铸印，研究铸印技术，其诗集有"冶铜仿古私印破一月得三十颗"之题，可见用功之勤，铸印之多。推知此枚"由此伤心人"铜印亦为黎氏自铸者。宋代大词人秦观与晏几道（小山）善写伤心词，被后世称为"古之伤心人"，黎简铸此印，盖以古人自况者。

清温汝遂印章

温汝遂私印一组，铜质，大小不一。印文：

温汝遂印　　　　温

竹温道人　　　　温遂之

　　温汝遂，字遂之，号竹梦生，清乾隆、嘉庆时广东顺德龙山人。不慕功名，专心读书写画。工草书，善画竹，富收藏。其藏品有晋永嘉九州荒砖、古铜彝鼎、宋元名迹，率皆精品，亦精鉴别。与张锦芳、黄丹书、黎简、谢兰生同以书画名。弟温汝述，工山水，得元人法，代表作有《墨竹图扇》等。

清谢景卿印章

长宽 3 厘米。刻有四字印文：

谢景卿印

　　该印属谢景卿私印，用于钤印书画。谢景卿，字殿扬，号云隐，又号芸隐、隐道人。生平博学嗜古，精研六经之学，工诗，善篆隶，尤精于篆刻，一生以鬻书画、鉴别、治印为生。现存二十五册的《云隐印稿》中，存有其所刻的印章2300 余方，可知他是一位职业的篆刻家。当时的名人学士伊秉绶、张维屏、郭适、邱学敏、吕翔等皆以得其所刻为幸，可知他的印艺声誉颇隆。谢景卿与黎简、张锦芳、黄丹书、温汝适、吕坚等一批岭南学人为友，互相切磋唱酬，彼此推重，有着良好的艺术氛围。谢景卿与黎简过从尤密，常帮助黎氏推介画作解决"家食计"。黎简曾有"代为家食计，特过草堂赀"和"寂寥交谊在，时照雪霜姿"等酬答诗句，又多次以画作答谢景卿的帮助。谢景卿亦常为黎简刻制印章，其中有一方六面铜印，黎简佚诗中有"云隐兄为予作六面铜章，既持归村庄，作此奉寄"诗，可见他们有着特别深厚的感情。谢景卿中年以后，每日以蓄书教子为乐事，不求闻达。其子谢云生、谢兰生、谢观生在金石、诗文、书法、篆刻方面均得其传，有声于时。

清陈兰甫章

长宽 3 厘米。刻有三字印文：

陈兰甫

　　该印属陈兰甫私印，用于钤印书画。陈澧，字兰甫、兰浦，号东塾，清代著名学者，世称东塾先生，广东番禺县人。清道光十二年（1832）举人，六应会试不中。先后受聘为学海堂学长、菊坡精舍山长。前后执教数十年，提倡朴学，所造就者甚多，形成"东塾学派"。陈澧对天文、地理、乐律、算术、古文、骈文、填词、书法，无不研习，著述达百余种，最著名者有《东塾读书记》《汉儒通义》《声律通考》等。陈澧还主持编印《菊坡精舍集》，汇集菊坡精舍学子优秀课卷，以嘉惠后学。陈澧是位通晓天文地理、乐律算术、骈文填词的岭南大儒，钱穆曾评陈澧"晚清次于曾国藩的第二号人物，学术史上主汉宋兼采，力主新式学风"。陈澧擅长篆刻，著有《摹印述》，提倡"古朴雄浑""典雅为尚"的印学思想，主张从摹描古印入手，融通历代百家之长。

清区赍印章

长宽 2 厘米，龟形子母印。各刻有二字印文：

区赍　梦良

　　该印属区赍私印，用于钤印书画。区赍，字梦良，广东南海县人，善篆刻，富收藏，活跃于晚清民国书画印坛。此子母印又称套印，起源于东汉，盛行于魏晋南北朝，形制为大小两方或三方印套合而成的印章。印文多刻姓名、表名。母印印纽多为母兽，子印印纽多为子兽，也有母印印纽为兽身，子印印纽为兽首者，套合成整兽形。

清区赍印章

清朱执信印章一组

印文:

朱大符印　大符　大符私印　执信　字曰执信　执信印信

萧山朱氏　家在钱清江畔萧然山下　萧山朱大符

蛰伸　悬解　道义　屈强　任性　据梧　执信潦草

芒砀山贼耳　南都沦后第四乙酉生

萧山朱氏藏碑

不读书　我始欲愁　大有文章　未曾见全牛　龙蛇之蛰　不可夺坚

琴生

　　20世纪80年代，朱执信后人捐赠了一批朱执信遗物，包括手札、信缄、书籍、印章等，其中印章30余枚，均为朱执信生前所用，当为珍贵的革命文物。按印文内容大致分如下几组:

第一组为姓名印类。名曰大符，字曰执信。古代名、字相互诠释，互为表里。符，可理解为仪表、征信、旗帜之意；信，伸也。有"欲伸大义于天下"（语自《三国志》刘备语）的意思。

第二组为籍贯类。表明族属萧山朱氏。西晋以后，北地朱氏大规模南迁，尤分布在苏南、浙北地区，成为东晋江南"顾、陆、朱、张"四大姓之一。萧山朱氏源出婺源，避元季乱世徙至萧邑。以婺源世系论，宋代大儒朱熹为九世，至十五世朱寿开族于萧邑（萧山世系一世），为朱氏望地之一。

萧然山，即今杭州西山。传说越王勾践与吴王夫差交战，越军大败，越王站在西山，见兵士们死伤惨状，一片萧然，故现在的西山又叫萧然山。但越王又重整旗鼓，在萧然山上老虎洞（今杭州萧山区闻堰镇的老虎洞）卧薪尝胆，积蓄力量，后一举灭吴。朱执信言"家在萧然山下"，是否以越王自喻欤？

第三组为笔名类。蛰伸，相对蛰伏而言，意谓要像虫兽一样苏醒过来出世活动。悬解，即解民倒悬，比喻把受苦难的人民解救出来。语出《孟子·公孙丑上》："当今之时，万乘之国行仁政，民之悦之，犹解倒悬也。"屈强，意顽强、固执。后作"倔强"。语出《史记·匈奴列传》："杨信为人刚直屈强。"又《史记·陆贾列传》："（陆贾责备赵佗说）君王（指赵佗）宜郊迎，北面称臣；乃欲以新造未集之越，屈强于此！"不知朱执信是否知道此典事，欲效仿南越王赵佗。据梧，据是依据；梧是梧桐树，泛指树木。喻有依靠也。语出《庄子·逍遥游》："昭文之鼓琴也，师旷之枝策也，惠子之据梧也。"

第四组为自喻类。芒砀山，在今豫东商丘境，位于豫、鲁、苏、皖四省结合处。秦末农民起义军领袖陈胜即在芒砀山东南方的大泽乡对秦发难，死后葬于芒砀山，今尚有郭沫若题书"秦末农民起义领袖陈胜之墓"碑刻。汉高祖刘邦也在这里斩蛇起义，创建大汉王朝。自古以来便把芒砀山喻为盗贼聚啸之地。朱执信以"芒砀山贼"自居，意欲像陈胜、刘邦抗暴灭秦一样，革清廷之命。顺治二年（1645）岁次乙酉，清军攻陷南京，灭南明弘光政权；至朱执信出生之年（1885），恰历第四个乙酉年，共240年整，故曰"南都沦后第四乙酉生"。

第五组为收藏章类。无须解释。

第六组闲章类。我始欲愁，出自清初学者顾贞观对纳兰容若词的评价，曰："容若词一中凄婉处，令人不能卒读，人言愁，我始欲愁。"后世文人常喜用此语，如南京莫愁湖胜棋楼联云："人言为信，我始欲愁，仔细思量，

闲字珠玑
广州博物馆典藏铭文刻辞类文物选

风吹皱一池春水；胜固欣然，败亦可喜，如何结局，浪淘尽千古英雄。"未曾见全牛，典出《庄子》庖丁解牛的故事。龙蛇之蛰，典出《周易·系辞》："尺蠖之屈，以求信也；龙蛇之蛰，以存身也。"尺蠖尽量弯曲自己的身体，是为了伸展前进；龙蛇冬眠，是为了保全性命。人也要学会退让和忍受，才能充分展示自己的力量。不可夺坚，语出《吕氏春秋·诚廉》："石可破也，而不可夺坚。"喻坚定的信念可倍经考验而不改变。

第七组为朱执信父朱启连之印。朱启连是清末广东知名学者，曾任两广总督张之洞的幕僚，精通琴律，人称"琴王"，故有"琴生"之印。

通观朱执信印章，多带有浓烈的革命气息，推断应是朱执信留学日本结识孙中山从事革命事业后所镌刻使用的。

■钱币

　　本单元辑录战国至民国各类钱币。战国"安阳"布币为先秦平首布币系列之一，广泛流行于三晋地区诸国，此魏国"安阳"布币为当时平首方足布之精良者；秦征服六国及周边地区，推行秦国币制，"半两"圆钱在中原等地发现较多，但于岭南地区不甚多见，可视作秦平岭南之物证；新莽错金篆文"一刀平五千"刀币制作精美，向为泉界所珍视；汉末魏蜀吴三足鼎立，吴国拥占岭南地区，此"大泉二千"铜钱于广州三国钱窖考古遗址已有发现，可见此钱当时通行岭南地区；"广"字开元通宝钱是广州见诸史志记载最早的一次地方铸币；唐末藩镇割据座大，原节度使刘氏称帝建国，铸"乾亨重宝"铅钱，是为中国古代最早的铅钱；宋代御书钱文盛行，"大观通宝""淳化元宝""至道元宝""咸平元宝"等皆是皇帝题书，制作亦精良，为泉界珍爱；明孟加拉及威尼斯银币为广州明代提举市舶太监韦眷墓室之物，中外留存极少，堪为中外海贸之遗珍。

战国"安阳"平首方足布

通长 4.5 厘米，足宽 2.5 厘米，重约 12 克。阳铸二字钱文：

安阳

　　该布币属于先秦平首布币系列之一，系由商周青铜农具钱、镈（即铜铲）演变而来，形与铜铲相似，故又称"铲币"。此类平首方足布为战国中晚期（约公元前 4—前 3 世纪）广泛流行于三晋地区赵、魏、韩、卫等国的铸币，北方燕国后期亦铸窄小布币，形制平首、平肩、方足、方裆，首部一道直线纹，面文多为地名，已考订者约 100 余种，诸如属于赵国的有：蔺、兹氏、北屈、大阴、中都、平周、平原、平阴、襄垣等；属于魏国的有：莆子、皮氏、高都、戈邑、安阳等；属于韩国的有：平阳、宜阳、宅阳、屯留、长子等；属于燕国的有：襄平、益昌、鱼阳等。此魏国"安阳"布币为当时平首方足布类之精良者。

战国"安阳"平首方足布

秦"半两"铜钱

　　南越国宫苑遗址出土。外圆内方，直径约 3.1 厘米。周边不正圆，无内外廓，火口在上，背平坦。钱有阳文小篆二字：

半两

　　半两钱是纪重货币，1 两是 24 铢，半两是 12 铢。与这枚秦半两铜钱同时出土的有铁凿、锛、挣凿、木垂球、磨刀石等工具，还有青铜箭镞。根据底层的叠压和造船台上出土的遗物判定，造船台建于秦始皇平定岭南时期。

　　秦国在统一中国前，主要使用一种"重十二铢"方孔圆钱，《史记·秦始皇本纪》载"惠文王生十九年而立，立二年初行钱"，这是关于秦国钱币的最早记载，这种"钱"当为方孔圆钱，这在当时是最为进步的一种形式，秦统一中国后，秦就以这种钱为基础向全国推广统一货币。

　　公元前 221 年，秦始皇吞并六国，建立起中国历史上第一个统一的多民族封建制国家秦朝。面对这样一个空前广大的国家，秦始皇采取了一系列加强中央皇权的措施，统一货币就在此之列。

　　《史记·平准书》记载秦始皇统一货币的措施"及至秦，中一国之币为二等，黄金以溢名，为上币；铜钱识曰半两，重如其文，为下币。而珠玉、龟贝、银锡之属为器饰宝藏，不为币。"由此可见，秦始皇将原来秦国所流通的"半两"钱推行于全国，同时废除原来在秦国以外通行的关东六国的刀币、布币、蚁鼻钱以及郢爰等，一律使用新规定的货币，以黄金为上币，镒为单位，方孔圆钱为下币。由此，中国古代铸币在形制上第一次得到了统一。秦代半两标准化程度不高，具有流通和铸造的地域性。"然各随时而轻重无常""百姓市用钱，美恶杂之，勿敢异"。尽管如此，秦统一了货币的种类与名称，统一了钱币的形制和单位，奠定了汉初币制的基础，从而使圆钱成为中国古代钱币的基本形制。

公元前214年秦平岭南，设置桂林郡、南海郡、象郡，岭南地区正式被列入中原王朝的行政版图。同时向岭南地区大规模移民，南下的移民带来了先进的生产工具和生产经验，秦朝的半两钱随着秦朝军民从中原带到了岭南。

从公元前214年设立岭南三郡，到公元前206年秦朝被推翻，秦王朝在岭南地区的实际统治不过八年，尽管传世的秦半两钱在中原地区出土甚多，但在岭南地区出土的秦半两钱则显得非常珍贵，它不仅见证了秦王朝平定岭南的历史进程，也见证了秦王朝对岭南地区的开发。

汉"五铢"铜钱

　　1956 年广州市海珠区大元岗汉墓出土。直径 2.4 厘米，厚 0.1 厘米，重 2 克。圆形方孔，面有外廓，背有内外廓。篆书二字钱文：

五铢

　　五铢为纪重单位，该钱重如其文，笔画粗而清晰，无锋棱，"五"字中间的交笔略带弯曲，"铢"字的"朱"头呈方折，"金"字头较小多呈箭镞状，《汉书·武帝纪》载元狩五年（前 118）"罢半两钱，行五铢钱"，诏令各郡国铸行，此后至隋的 700 多年间各朝代均有铸造，但形制大小不尽相同，唐高祖武德四年（621）废止。五铢钱大小轻重适宜，正、备均有轮廓，是其使用久远的原因之一。

　　此枚五铢铜器，从钱形、书体以及伴随出土物来看，应属西汉中期，大约为武、宣时期所铸。

新莽"一刀平五千"刀币

新莽居摄二年（7）铸造，通长 7.3 厘米，环径 2.7 厘米，最厚 0.9 厘米，重 29.5 克，质地青铜，体似刀形，刀环即方孔圆钱，大小与大泉五十相当，错金篆文"一刀"二字在穿下；"平五千"三字竖书，阳文，铸于刀体。民间俗称"金错刀"。

西汉末年，王莽篡权，托古改制，在位 15 年间，大的币制变动就有 3 次。铸币 6 种 28 品，名目繁多，造成货币混乱。金错刀是纪值货币，1 刀"平五千"即值五铢 5000 枚，表示 1 个金错刀可当 5000 钱用。当时黄金 1 斤值万钱，两个金错刀就可以换取黄金 1 斤。颁行这种大面值的钱币造成了通货膨胀，行之不久即废除。按：新莽铸币在广州的西汉后期至东汉墓中都有出土，但仅见"大泉五十""货泉""布泉"三种，其余未见，盖与当时许多新莽钱颁行不久即废除，未流通到岭南地区有关。

新莽"一刀平五千"刀币

新莽"货泉"铜钱、新莽"布泉"铜钱

　　"货泉"铜钱径约2.2~2.4厘米,重约2.8~3.6克,多有内外郭。"布泉"铜钱形制、重量及书体与"货泉"铜钱相当。两铜钱分别悬针篆书二字:

货泉

布泉

　　"货泉"铜钱,王莽天凤元年(14)为实施货币改制而铸,钱文工整纤秀,"泉"字中笔断开。"布泉"铜钱,史籍不载,考古者认为仍是天凤元年所铸,尤其"泉"字中竖断笔,同"货泉"之"泉"如出一辙,而与六朝北周玉筯篆"布泉"写法迥异,故将此泉系于新莽合宜。

三国吴"大泉二千"铜钱

大帝孙权赤乌元年至九年（238—246）所铸大钱。径 3.2 厘米，重 9.5 克。
篆书四字钱文：

大泉二千

该钱一当五铢二千，是继王莽后最大的虚值钱，遭社会抵制后，孙权即令停铸并使官府作价收回；然泼水难收，民间因贪其巨值多以私铸减重钱通行。又江浙民间更有仿制盗铸之"大泉二千""大泉五千"钱，其数甚微，史志不载；"大泉五千"迄今唯见两品而已。

《通志·食货注》载赤乌元年（238）春，铸一当千大钱，径一寸四分，重十六铢。故吕蒙定荆州，孙权赐钱一亿，钱既太贵，但有空名，人间患之，后权令曰："往日铸大钱，云以广货，故听之，今闻人意不以为便，其省之。铸为器物，官勿复出也，私家有者，并以输藏，平畀其直，勿有所枉。"这些记载说明三国吴政权对货币的重视，并利用货币的职能，以利于巩固政权，发展商品市场，促进经济发展，稳定社会，并从实践效果中择善而从之，急令"官勿复出"此钱，并作价收回所铸大钱。因有利可图，致使此钱仍有部分流入社会通行，这是此种钱币杂入其他三国铸币的主要因素。

唐开元通宝"广"字铜钱

　　直径2.3厘米，廓长宽0.7厘米，厚0.1厘米。该钱轮廓突显钱文"开元通宝"四字，背面左侧铸"广"字。

　　"开元"意思为开辟新纪元，并非唐玄宗的开元年号。在唐代所铸行的钱币中，开元钱是最先铸造和最重要的一种，且流行通用时间最久。

　　唐武宗会昌五年（845）毁各地佛寺，将寺中佛像钟磬等销毁以铸铜钱，淮南节度使李绅率先在扬州于开元通宝钱背加铸"昌"字以纪地望。自此各州钱炉均于钱背铭以州名，此类加铸背文之开元通宝通称"会昌开元"。现知约有昌（扬州）、潭（长沙）、洛（洛阳）、福（福州）、广（广州）、兴（略阳）、京（长安）、荆（荆州）、越（越州）、洪（洪州）、襄（襄阳）、润（润州）、桂（桂阳）、永（永州）等33种。"广"字开元通宝钱是广州见诸史志记载的最早一次地方铸钱。丁福保《古钱大辞典》及其他多种钱谱金石图籍辑录有该类钱。

唐开元通宝"广"字铜钱

南汉"乾亨重宝"铅钱

20世纪50至80年代在广州多地考古发现。钱径约2.1厘米，孔径0.8厘米，厚薄不一。铸阳文楷体四字：

乾亨重宝

南汉"乾亨重宝"铅钱中极少数在穿孔周廓铸"邕"字，当为沿唐会昌铸钱之制。《五代史》《十国春秋》等籍均载南汉刘氏定都广州后，于乾亨二年（918）铸"乾亨重宝"铅钱，"十当铜钱一"。乾和以后，更实行"城内用铅，城外用铜，禁其出入，犯者抵死"之规定。可见当时铜贵铅贱。中国古代以铅铸行的金属流通货币，以"乾亨"铅钱为最早。

宋 "大观通宝" 铜钱

　　该钱是北宋徽宗赵佶在大观年间所铸造的年号钱之一。这枚 "大" 字一捺特别长的当十大观通宝，是由徽宗御题钱文，钱径 4 厘米，比普通当十大观通宝 3.8 厘米略大；厚 0.3 厘米，比普通当十大观通宝略厚；重 18.2 克，也比普通当十大观通宝重一些；制作精致美观，地章平整，面文和缘深峻。铸有四字钱文：

大观通宝

　　宋代钱币在中国钱币史上占有重要地位，是今天人们观赏、收藏的丰富宝藏。宋钱版别极多，历代罕有，钱文除真、草、隶、篆，行外，还有北宋徽宗的 "玉划银勾" 瘦金体。"风流天子出崇观，铁画银勾字字端。闻道蜀中铜货少，任凭顽铁买江山。" 诗中传述的便是北宋徽宗传神的瘦金体。徽宗早年继承帝位，崇尚书法绘画艺术，却不善理国。他自己则御书亲题其中的崇宁通宝、大观通宝、政和重宝、宣和通宝等钱文。御书钱钱文精美，铸造技术高超，为历朝之冠。

宋 "大观通宝" 铜钱

宋御书"元宝"铜钱

各铜钱均铸有四字钱文：

淳化元宝　咸平元宝　景德元宝　至道元宝

宋初经济得到迅猛发展，铸币量超出唐代20倍。宋太宗赵光义于端拱三年改元淳化，淳化元年（990）五月改铸发行"淳化元宝"钱，太宗皇帝亲书隶、行、草三体钱文，成为皇帝亲书钱文（称御书）之始，又是行、草入钱之始。至道元年（995），太宗以楷、行、草三种字体题写"至道元宝"钱文。宋真宗赵恒于咸平年间以楷书题写"咸平元宝"钱文；于景德年间以楷书题写"景德元宝"钱文。

金"泰和重宝"铜钱

　　金章宗完颜璟泰和四年（1204）铸当十大钱。径 4.5 厘米，重 18 克。光背无文，铜质优良，体态浑厚，制作精美。玉箸篆书写四字钱文：

泰和重宝

　　钱文由当时书法大家党怀英书写，字体精纯典雅。《金史·食货志》载："泰和四年铸大钱，一直（值）十，篆文曰泰和重宝，与钞参行。"

金"泰和重宝"铜钱

明孟加拉银币、明威尼斯银币

1964 年广州东山姚家岗明广东市舶太监韦眷墓出土。墓冢还出土墓志一方，上有"大明弘治八年十一月初五日吉""钦命总镇两广内官太监韦公之墓"等字，证明墓主是明太监韦眷。韦眷曾在成化至弘治年间任广东提举市舶使，《明史·梁芳传》载："眷为广东市舶太监，纵贾人，通诸蕃，聚珍宝甚富。"可知墓内尚有盗余的金版、珊瑚，连同此数枚外国银币应是墓主韦眷生前"聚珍"而随葬之物。

孟加拉银币为 BENGAL SULTANATE（伊斯兰教纪元 798—991，公元 1396—1583）的培巴克沙（Rukn al—Din Barbak，1459—1474A.D.）于 1459 年所铸。银币正面文字大意为：阿尔苏丹伊本，穆贾希培巴克沙，阿尔苏丹伊本，马哈茂德沙；背面为：卡利马，造制厂和日期。

明孟加拉银币

榜葛剌国（Bengala），即《诸蕃志》所述的鹏茄罗国（今孟加拉国），《岛夷志略》译作朋加剌，《明史·外国列传》译作榜葛剌，《海录》译作明呀喇。《瀛涯胜览》《星槎胜览》《明史·外国列传》等均有专条记述。故地在今孟加拉国和印度西孟加拉邦一带。位于恒河下游，当东西交通要冲，公元 15 世纪前期与中国建立友好关系。有浙地港（Chittagong），即今孟加拉国吉大港。为古代东西交通重要泊所。郑和与侯显下西洋时都曾出使该国。

孟加拉早在两汉时期就在中国船只行往印度洋的航线之上，据《汉书·地理志》的记载，平帝元始（1—5）中，王莽遣使从日南障塞、徐闻、合浦出海，离开汉境，航行一年左右到达黄支国，然后由已程不国返航，来回都行经孟加拉湾。由于千百年来，孟加拉等东南亚地区处初民阶段，深受印度文化的影响，在以往的海上交通和贸易中没能显示出其自身的面貌。15世纪的孟加拉银币在广州出土，表明孟加拉等国已建立起自己独立的国家，在海上丝绸之路上扮演了重要角色。

威尼斯银币，为威尼斯共和国总督帕斯夸尔·马利皮埃罗（PASQUALE MALIPIERO 1457—1462A.D.）所铸，叫作"格罗索"或"格罗塞托"的银币。威尼斯银币更进一步表明其到达广州的线路是南路而非陆路。14世纪开始，威尼斯实行一条法律，禁止从陆路输出格罗索银币，只允许由威尼斯商人从海路带出。因此这枚银币最大可能是随阿拉伯商人或是到中国旅行者到达中国，其流通或传播经由海路沿着与威尼斯共和国保持贸易关系的各个国家的海岸进行。但也有可能是商人直接从威尼斯带到中国的，因为中国的航海家早在15世纪以前就已抵达非洲大陆和欧洲。广州出土的这枚银币有铸工的缩写字母ZP，他是1461年在职的，1461年也就是这枚银币的铸造年份了，这枚银币铸造后不到40年便传到广州，表明15世纪时广州港与意大利已开通商贸往来。

明威尼斯银币

清"通宝"类铜钱

各铜钱均铸有四字钱文:

顺治通宝　康熙通宝　雍正通宝　乾隆通宝
嘉庆通宝　道光通宝　咸丰通宝　同治通宝
光绪通宝　宣统通宝

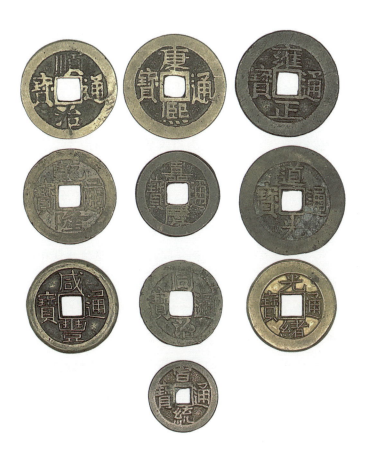

后金在进关前就开始在关外铸造货币,努尔哈赤天命年间,铸造了满文的天命汗钱和汉文的天命通宝。皇太极时又铸造了满文大钱天聪汉之钱。顺治年间开始铸造顺治通宝,共分五种样式,一式为顺治元年(1644)铸造的,是一种仿古式的货币，正面铸有顺治通宝，背面是光背的。不久就又铸了二式货币，正面还是顺治通宝，反面是铸钱的汉字局名，如工、户、东、福等。三式是顺治十年（1653）铸造的，是一厘钱，反面铸有一厘和钱局名，一千文合银一两。四式货币是在顺治十七年（1660）铸造的，反面有满文宝字和满文局名。五式也是这一年造的，钱背面有满汉文的钱局名。康熙年间平定三藩之乱，而吴三桂等人在叛乱时期也大量铸造过货币，吴三桂铸造了利用通宝，有光背，背面有云字、贵字、一厘、二厘、五厘、一分等。其子吴世潘于洪化年间又铸造了洪化通宝。福建的耿精忠则铸造了裕民通宝，分一分、一钱、浙一钱三种。康熙朝自铸的货币有两种，与顺治钱的第四式和第五式相同。雍正年间后，清帝铸钱就只按顺治五式，即钱背面标满汉文局名而铸造，此后又铸造了乾隆通宝，嘉庆通宝，道光通宝。咸丰年间，正值太平天国起义，清政府因财政紧张而开铸大钱，人为地搞通货膨胀。分为三类，一是通宝，是小平的铜铁铅钱。一为重宝，为当四至当五十的大钱。还有一种是元宝，为当百及当千的大钱，这些货币在各地都有铸造。清代货币比较珍贵的当属慈禧时期铸造的祺祥通宝和重宝，这种钱本是准备在咸丰皇帝死后用的新年号钱，由于慈禧发动政变，改年号为同治，这种钱没有铸多少就停铸了，因而较少，祺祥年号只用了69天。同治年间只铸造了通宝小钱和重宝当十钱。光绪初年，只铸通宝小钱和重宝当十钱，后慈禧下令从国外进口造币机器，用机器铸造制钱。宣统年间只铸造了宣统通宝，有两种，一种较大，一种较小。

中国方孔圆钱自秦始皇统一天下铸行"半两"钱始，至末代王朝"宣统通宝"结束，流通长达2132年，这在世界货币史上是罕见的形象，它既反映了金属货币的相对稳定，也折射出封建社会金融币制的保守和进步缓慢。

清康熙二十钱局记地诗花钱

　　直径 4.7 厘米，厚 2.5 厘米。钱体厚重敦实，铜质精良，字体粗犷大方，字口深峻。正背面共铸二十字钱文：

<blockquote>
同福临东江　宣原苏蓟昌（正面）
南河宁广浙　台桂陕云漳（背面）
</blockquote>

　　这二十个字正好是康熙时期二十个钱局的局名简称，"同"代表山西大同局，"福"代表福建福州局，"临"代表山东临清局，"东"代表山东济南局，"江"代表江苏江宁局，"宣"代表直隶宣府局，"原"代表山西太原局，"苏"代表江苏苏州局，"蓟"代表直隶蓟州局，"昌"代表江西南昌局，"南"代表湖南长沙局，"河"代表河南开封局，"宁"代表甘肃宁夏局，"广"代表广东广州局，"浙"代表浙江杭州局，"台"代表福建台湾局，"桂"代表广西桂林局，"陕"代表陕西西安局，"云"代表云南昆明局，"漳"代表福建漳州局。把这二十个代表地名的字合起来凑成了一首五言绝句。

　　民间传说，集齐铸有康熙二十个钱局局名的钱币并佩戴在身上，便可以吉祥如意，除恶避邪保平安。外出经商的人如果佩戴这组套子钱出门去做生意会顺利亨通，并且具有"走夜路不招鬼"的神奇功效。由于这组套钱是由分散在全国各地的二十个地方钱局分别铸造的，所以很难凑齐，特别是"台"字钱甚为难觅。又因人们长期携带二十枚铜钱很不方便，于是民间匠人就把这二十个字集中刻铸在一枚钱币上，产生了一种康熙二十钱局记地诗花钱。这样既方便了人们的携带，又满足了人们祈求生意顺利、除恶避邪的愿望。

清康熙二十钱局记地诗花钱

清吉语压胜钱

钱文：

富贵福寿双全

长命富贵

连生贵子

　　吉语压胜钱，也称"厌胜钱"或"花钱"。"厌胜"意即"厌而胜之"，系用法术诅咒或祈祷以达到制胜所厌的人、物及魔怪霉运的目的，由此而铸造成钱币形态的避邪品、吉利品或纪念品通称为"厌胜钱"。一般仅供佩带玩赏用，而不作为货币流通，可视为中国古代货币文化的衍生物，是民俗文化的一种载体。中国自汉代起，官、私炉均行鼓铸，压胜钱品类甚多，且历代各有发展与特色，其中吉语、八卦、生肖、供养、撒帐、打马格及春钱等传世甚丰。除铜质钱外，尚有以金银锡铝诸材质制作者，不一而足。"吉语钱"为压胜钱属类，一般分以通用钱号添铸吉语以及吉语为文并加铸图像两类。一类如"五铢"钱面添铸"君宜侯王""长宜子孙"等吉语；"嘉庆通宝"钱背铸"万年天子""天下太平"等吉语。另一类则面文为"长命富贵""龟鹤齐寿""金玉满堂"等吉语，钱背则见各种吉祥及避邪图像等。

清吉语压胜钱

民国黄花岗纪念币

　　该纪念币系 1928 年铸造，由梁启怡捐赠。银质，圆形，直径 2.2 厘米。正面为黄花岗七十二烈士陵墓及纪念碑图案，上方有"黄花岗纪念币"六字，背面中央为国民党党旗图徽，周边题写"中华民国十七年福建省造""每五枚当一圆"共十七字。

　　为纪念黄花岗起义中牺牲的烈士，彰显他们为辛亥革命做出的功业，福建省造币厂曾于 20 世纪二三十年代铸造并发行了 6 种银质黄花岗纪念币。该纪念币有 1928 年、1931 年和 1932 年 3 种版别，有壹角、贰角两种面值。这6 种纪念币曾在福建流通了多年。

民国黄花岗纪念币

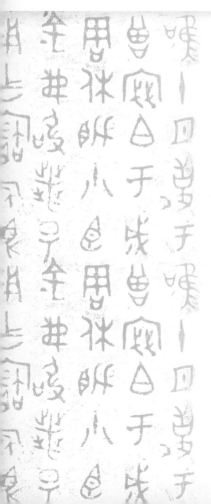

■其他类

本章辑录各类器物，其中北魏"皇兴五年"铜弥勒像整体造型特征与常见的皇兴年间纪年铭文鎏金铜佛像呈现出不一样的表现形式，值得再探究；元代"沅州路学"铜簠乃地方州郡文庙学府供器，沅州偏僻，又有此庙器，可见元朝尊孔崇儒之力度；元代铜权存世较多，数量远超其前的唐宋及其后的明朝，据此可徵元朝行政区划及度量衡制度。民国时期的有铭文物反映了广州作为民主革命策源地的历史，以及近代化进程中的商业发展和市政建设。

北魏"皇兴五年"铜弥勒像

　　弥勒像高 14 厘米，佛像面相清瘦，磨光高肉髻，头部饰镂空舟形项光，项光顶端有一小化佛，结禅定印跌坐于四方形无足台座之上。佛身着圆领袈裟，左手持握莲蕾，右手施与愿印，表示满足众生的愿望，跣足站立于四足仰覆莲花须弥座上。后背镌刻二十九字：

　　皇兴五年七月十八日，靳□（卿）、靳还香为亡父亡兄弟居家眷□（属）敬造弥勒像。

皇兴，北魏献文帝拓跋弘年号；皇兴五年，值公元 471 年。北魏是中国佛造像的黄金时代，十六国时期与北魏早期佛像，多为一佛趺坐于方座，两旁有二狮子，题材与构图单调，至皇兴后，造像的题材趋多样化，站立之观音、弥勒亦多出现。铭文显示此佛像为弥勒像。汉译"弥勒"一名最早出现在后汉、三国时期翻译的佛经之中。汉末支娄迦谶所译《道行般若经》就已提到兜率天有弥勒说法。至南北朝时期，弥勒信仰盛行，弥勒像的分布也十分广泛，但北魏太和以前主要集中在中原及北方地区，在数量上仅次于释迦佛。在佛经中，弥勒是现在的菩萨、未来的佛，故弥勒造像中出现菩萨、佛不同形象的造像，且造像形式变化多样。

该佛像整体造型特征与现披露的皇兴年间纪年铭文鎏金铜佛像呈现出不一样的表现形式，最突出的当为衣纹，呈现出太和十八年（494）后褒衣博带式大衣，裙角部衣褶重复交叠的特点。而浅衣纹、身躯扁平，侧面看腹部向前凸起的造型特征则与北齐时期佛像趋于一致。该尊佛像为研究北魏和平年间佛像造像艺术向太和年间佛像造型艺术的转变提供了很好的实物例证。

南朝"曹道文"铜菩萨像

佛像通体鎏金，通高 43.8 厘米，座高 10.7 厘米，座径 17.4 厘米，重 3.6 千克。菩萨头梳高髻，涂黑色，头顶饰桃形浮雕宝石花，前额发际正中及左右亦饰桃形浮雕宝石花，头部两侧各有两条金色飘带，从耳旁垂落于手臂上。面部双目微合，鼻梁高直，小口微闭，法相庄严而祥和。双耳用凹刻线勾出，佩戴耳环，颈饰项圈，身前佩挂一圈嵌宝石花的璎珞，长帔帛自双肩两侧至须弥座上。袒胸露臂跣足，站立于八角仰覆莲花须弥座上，三层八角座基，于第二层座基侧镌刻八字：

与曹道文吴夫共造

早先的一些公开资料，如 1990 年麦英豪等主编的《广州市文物志》将该尊造像的时代定为南朝。但随着越来越多出土及公、私所藏的古代金铜佛像，尤其是南北朝金铜佛像资料的披露，以及学者们对不同地区、不同时代、不同材质佛教造像艺术风格对比分析的深入，可知，"与曹道文吴夫共造"铜菩萨像在造像风格上，虽然保留了南北朝晚期菩萨造像的一些特征，譬如南梁张僧繇开辟的"面短而艳"的造像风格，体态丰满、衣着轻薄凸显对躯体本身的表现。但主要风格特征更与后来隋朝及初唐时期的佛像趋于一致，表现为略微扭动的腰部和略向前凸的腹部，相比北朝晚期菩萨直筒、扁平的身躯更显轻盈、动感，可看作盛唐时期佛像躯体三道弯造型的雏形，以及菩萨的三叶形宝冠，双重"U"形璎珞底部饰圆佩，从裙腰处装饰出衣褶向下垂摆至足部等细部特征，都呈现出与隋代石窟造像及金铜佛像更为类似的造像风格。

元"沅州路学"铜簠

铜簠通高10.5厘米，通长27.5厘米，通宽21.7厘米。体相完好，簠腹部镌刻楷书十字：

至大己酉秋

沅州路学置

"至大己酉"，即元至大二年（1309）。"沅州"，即今湖南省怀化市芷江县，《元史·地理志·湖广等处行中书省》："沅州路，下。唐巫州，又改沅州，又为潭阳郡，又改叙州。宋为镇远州。元至元十二年（1275），立沅州安抚司；十四年（1277），改沅州路总管府。……领县三：卢阳、黔阳、麻阳。"属湖广行省，治所卢阳县（今芷江县）。辖境相当今湖南怀化、芷江、洪江、麻阳、新晃等市、县地。元至正二十四年（1364）朱元璋改为沅州府。

"路学"，即元代一路之最高学府，称府学；簠，即府学内之祭祀礼器之一，还包括鼎、尊、簋、钟、炉等。夫祭祀者，教化之诚之举，凡地方州府诸志于此记载甚详。

元朝定鼎中原，为使江山巩固，国祚永久，而于孔教儒学大加尊崇，其程度超过往朝。元武宗于大德十一年（1307）七月《元史·武宗纪》载"辛巳加封至圣文宣王为大成至圣文宣王"。元大德十一年七月《加封孔子大成至圣文宣王诏书碑》载："制曰：盖闻先孔子而圣者，非孔子无以明；后孔子而圣者，非孔子无以法。所谓祖述尧舜，宪章文武，仪规百王，师表万世者也。朕缵承丕绪，敬仰休风，循治古之良规，举追封之盛典，加号大成至圣文宣王，遣使阙里，祀以太牢。於戏！父子之规，君臣之义，永惟圣人之尊；天地之大，日月之明，奚罄名言之妙，尚资神化，祚我皇元。"《元史·祭祀志》载："至大元年秋七月，诏加号先圣曰大成至圣文宣王。"殆误，元宗即位不久即加封孔子，第二年才改元为至大元年。

又《元史·礼志·宣圣》记述祭祀孔子诸贤典礼所用祭器时道：

> 其牲齐器皿之数，牲用牛一、羊五、豕五。……笾十，豆十，簠二，簋二，登三，铏三，俎三，有毛血豆，正配位同。……笾豆皆二，簠一，簋一，俎一，从祀皆同。凡铜之器六百八十有一……其饮福受胙，除国学外，诸处仍依常制。

此为国子监太学之祭祀所用祭器，至于地方州郡学府"仍依常制"，顾规模渐杀减耳。

该沅州路学铜簠乃学署祭孔之礼器，其铸造之时，恰为朝廷大肆尊孔之际，元朝诸京自不待言，偏踞湘西之沅州犹有此物，可见当时尊孔崇儒力度之大。

元"沅州路学"铜簠

元 "大德八年" 铜权、元 "大德九年" 铜权

　　元 "大德八年" 铜权，1987 年广州黄宝权捐赠。高 7.9 厘米，束腰，覆钵圆塔式形，圆孔方纽，喇叭式圆底座，腹身呈圆弧形。阴铸六字铭文：

大德八年　六一

　　元 "大德九年" 铜权，亦是黄宝权捐赠。高 8.7 厘米，束腰，覆钵圆塔式形，圆孔方纽，喇叭式圆底座，腹身呈圆弧形。阴铸七字铭文：

大德九年　江西路

权，即秤砣、秤锤，日常计量工具，渊源甚古，最有名的则是人们所熟悉的秦国权量，奠定了中国古代基本计量单位，此后历代或因袭，或损益，延绵不绝，成为人们研究古代经济制度的重要什物。

元代在中国度量衡史上是一个特殊的时期，其流传下来的铜权和铁权实物（统称"元权"）数量远多于其前后的唐代、宋代和明代，见诸文献的元权数逾 350 枚以上，实际数量估计有数千枚之多。有铭文的元权中，大多数为汉字，也有少量八思巴文（蒙古新字）、波斯文、回鹘文，或与汉字并用，或四体并用，其中四体铭文元权极为罕见，被认为是元代疆域广大和商业繁荣的见证。

元代行省之下设路、府、州、县四级，一部分行省设有宣慰司，《元史》卷九十一《百官志》载："掌军民之务，分道以总郡县，行省有政令则布于下，郡县有请则为达于省。"其中江西行省辖南宋江西、广东路故地。

清银透雕双龙戏珠人物四季花卉纹提篮、
清银錾喜上眉梢山水人物诗文图竹节茶壶

　　清银透雕双龙戏珠人物四季花卉纹提篮，篮口径22厘米，绞丝提梁，篮身镂空錾刻双龙戏珠纹和山水人物花卉纹，底焊接四圆球足。底部戳款：

<big>徐焯记 KW</big>

　　戳印"徐焯记"即制造者及商号，银匠"徐焯"；"KW"为"KWONG WA"或"KWONG WOO"之缩写，即汉语"光华"之音译。"光华"乃是银铺或银楼商号，在香港皇后大道中54号，约开创于19世纪80年代至20世纪40年代，1935年仍在经营。

清银透雕双龙戏珠人物四季花卉纹提篮

清银錾喜上眉梢山水人物诗文图竹节茶壶，一组 3 件，圈足，鼓腹，带盖，盖纽及壶把手为竹节纹，壶身饰菊花纹。底部戳款：

PRESENTED TO WILLIAM HENDEISON

银茶壶戳款汉译为"献给威廉·赫德森的礼物"，应属私人订制。

清代广州的外销银器，按其风格及特征而言，大致可分为三个阶段：1780年以前是发轫期，产品以蕾丝银器为特色；1780年至鸦片战争期间得到了进一步发展，产品大量仿制西方日用器皿，并引入了西方银器打款的传统；鸦片战争后进入繁荣期，银器制造与销售快速增长，并借助外国人大量涌入和"西器东传"庶成潮流之机，迅速向其他通商口岸城市扩张，至20世纪20年代达到鼎盛，这一时期广州大量生产中西合璧式的银器，逐渐形成了以拉丁字母销售商标款识、汉字制造商标款识和阿拉伯数字成色标识为组合的广东式的外销银器款识。

清"宣统三年"消防水车、清铜水枪

消防车系清宣统三年（1911）广州生产，铁木质造，长约2.5米，高约0.9米，铁轮，以人力拉动行进。车中间有桶形水泵，靠摇动其上横杆加压出水。车身刻有十字：

宣统三年秋月真庆宫置

在现代消防车出现之前，这种水压式消防车曾广泛使用于珠三角城乡，多置于当楼、商铺、庙宇、祠堂、衙署等处，且须接近水源，如水井、河涌、池塘等。

1518年，德国莫哥斯堡金属工艺匠人安德尼布制造了世界上第一辆消防车，是把用杠杆操作的大型水泵安装在车辆上而成，与这辆旧式水压消防车原理相同。

清"宣统三年"消防水车

水压救火枪也是利用气压原理，使用时将救火枪立于水桶中，上下拉动该枪的上半部即可喷水救火。该救火枪还嵌有一方三十三字铜制广告牌和一方八字铜制广告牌：

长和号自造家用铜水龙水枪。铜铁杂货发客，铺在粤东省城太平门外安澜街开张。

广州天成路诚昌造

清时太平门，在今人民南路和人民南路东侧状元坊交界处；安澜街，在今一德路西南侧；天成路，今仍其名。是知晚清"粤东省城"西南部潮音街、安澜街一带应是消防器材制造销售集中地，商号不止一家。

清铜水枪

清邹伯奇制周行日晷

周行日晷，为晚清南海邹伯奇制作的一款木质测时仪器，由邹氏后人捐献。长16厘米，宽10厘米，高7厘米。器上写有：

咸丰甲寅春邹特夫作

全器由木座与罗盘两部分组成，木底座是一方长16厘米，宽10厘米，高2.5厘米的木板，称为外盘，边上刻出十二辰时刻。底座正中挖出一个与8厘米大的罗盘相同的形状的空穴，镶入罗盘，是为内盘。内盘上刻有十二辰、二十八宿、二十四节气、360度。底座后端竖一小木柱，贯穿着两块由长16厘米，横10厘米互相垂直的十字板，对准东西南北方向；十字板北端削成圆弧，刻出刻度，并在圆心悬一铅垂线；南端沿东西向水平设有一横表。

此仪器的使用方法，作者在本器中写得很清楚，正面写有：

凡测日置座正南北，移起十字板，令横表影端指本节气，即得时刻，就板下视悬针所指，即为本处北极出地高度。此仿《周礼》出圭以致日以度地之意也。

晚上测时，在罗盘底洞写有：

考定中星法：以现在何节气第几日，查内盘，移对外盘午正不动，乃视天上何大星到子午图，查此星对外盘某时刻，即得现在时刻。

根据仪器上的记载，人们在白天、黑夜都可以从此器中测知一天的时刻，故作者把这件仪器命名为"周行日晷"。经实践，由此晷并参照一份简单的亮星表，就能用考定中星法定出当时大致的时间。对二十八宿和黄道附近星空熟悉的人，则无须使用星表，看到何星座上中天，则能立即得知当时时刻。熟练的人使用此法测时，能准确到刻。

邹特夫即邹伯奇，清嘉庆二十四年（1819）生，同治八年卒（1869）。广东南海泌涌乡人，学海堂学长，是19世纪中国贯通中西之学，开创近代自然科学研究的科学家之一，在数学、天文学、测绘学、力学、光学等方面，都有很深的造诣。邹伯奇的一生，是为科学研究而献身的一生，制作各种仪器，是他从事科学研究活动的一项重要内容。"周行日晷"这种测时仪器，完全是邹伯奇自己独立设计的，在中国历史上还没有看到过类似这样的测时器。

清邹伯奇所用铜纪限仪

纪限仪,为晚清南海邹伯奇所使用的一款测绘仪器,由邹氏后人捐献。长41厘米,宽35厘米,高8厘米。器上写有:

Spence Browning Rust, London

Spence Browning Rust（斯潘塞·布朗宁·拉斯特）是 1787—1840 年间英国一家专门设计生产测绘仪器的公司,1840 年后易名为 Spence·Browning Co.。邹伯奇一生致力于科学研究,他很可能是通过广州的洋商,从外国商人或传教士那里得到这类西方制造的测绘仪器的。继而也可以推断,邹伯奇之所以能够制作一些西式的天文仪器,跟他所身处的广州有这样的物料和技术流通有着莫大关系。

清邹伯奇所用铜纪限仪

广州博物馆典藏铭文刻辞类文物选

清蔡绥綵制铜浑天仪

铜浑天仪，高 49.5 厘米，直径 36.8 厘米，球体上用细细的线条和小圆圈阴刻着星座天象——不是现在人们熟悉的八十八星座图，而是古老的中国河洛天文图，可以看到勾陈、天市、贪狼等星或星群名称。在球体之外，安设着铜制的子午圈、赤道圈、天顶圈、高弧圈和地平圈，每个铜圈上分刻着各自的度数，有的固定在底座上，有的跟随球体转动。有趣的是，时辰圈（赤道圈）明明使用的是 24 小时刻度，标注的名称却是中国的十二时辰，只是把每一个时辰分为两个刻度，如子时就分为"子初""子正"。球体上面刻有十字：

顺德蔡真步堂最白氏造

"真步堂"是晚清著名学者蔡绥綵（号最白）在粤省城广州高第街创建的天文历法学馆。蔡绥綵开馆授徒，专研天文历算之学，制作天文观测仪器，刊印历书，将西方天文学、数学的计算方法融进了中国传统天文学，颇有成果。刊印有清光绪二十七年（1901）版《七政经纬选择通书》、民国 4 年（1916）及 11 年（1923）《七政经纬历书》等，流行颇广。现香港尚存"真步堂"馆号，仍在从事天文历法推算工作，具体的历书则交付"永经堂"出版发行，在香港乃至东南亚影响很大。蔡绶綵研究天文历法，不拘于成法，而能因地制宜，其在自序中说，历史上通行的历书都是京师刊行的，因为距离遥远，对于广东来说其实有不符合实际观测的偏差，于是他"在学海堂专课算学有年，熟读《钦定历象考成》《数理精蕴》《考成后编》《续编》《协纪》《辨方》诸书，推步选择，颇有心得，因发明用浑仪之法，将气朔弦望交食过宫及逐日七政四余经纬细心推步，均与宪本相符"。在这里提到的"浑仪"，后来在他所著的《弧角七政图算》一书中有专章介绍，并详细介绍了"浑天仪"的制造和使用。他一生亲自制作的浑天仪仅有三件，传世的可能就仅存广州博物馆典藏的这一件了。

民国革命军功牌

革命军功牌，长 6.5 厘米，宽 4.0 厘米，厚 0.05 厘米，红铜制造，字迹、图案均清晰。正面居中铸"革命军功牌"五字，左上角铸中华民国陆军十八星旗，代表全国十八行省，右上角铸五色旗，表示汉、满、蒙、回、藏五族共和，正上方及左右两上角各是一个十八星旗旗徽，其中正上方旗徽中有一直径 0.3 厘米的穿系小孔，正下方铸"中华民国元年"六字，右边有龙、凤、木棉花 3 个图案，象征民主、和平、吉祥。

1911 年 10 月 10 日武昌起义成功后，辛亥革命的浪潮席卷全国，各省纷纷响应。11 月 8 日广州光复，9 日广东宣告独立，成立广东军政府。为纪念辛亥革命的历史功绩，广东军政府于民国元年（1912）制作颁发"革命军功牌"，以表彰在广东光复中作出贡献的人员。

民国革命军功牌

民国广东陆军庚戌起义纪念章

　　铜质，圆形，直径2.6厘米，边缘为凹陷的环形，正面上端饰一太阳图案，下端题写十三字：

广东陆军庚戌首义同志纪念会

　　该纪念章是为纪念1910年2月12日倪映典领导的广东新军起义而制作的。庚戌新军起义又名庚戌广州起义、新军之役，是宣统二年（1910）发生在广东省广州市的一次清朝"新军"部队的起义事件。起义最终遭到镇压，但部分与此有关人员后来参与了黄花岗起义。

民国黄埔军校干部教导队毕业纪念章

　　黄埔军校干部教导队毕业纪念章，长 2.3 厘米，宽 4.7 厘米。铜质，形状不规则，由刀和枪组成 X 状。刀上题写"干部教导队"五字，枪上题写"毕业纪念"四字，刀枪交合处铸一青天白日徽章，徽章正中红色条纹上有蓝底英文"A"字。该纪念章制作于 1925 年。

民国黄埔军校干部教导队毕业纪念章

民国"何辉记"铜秤码

铭文：

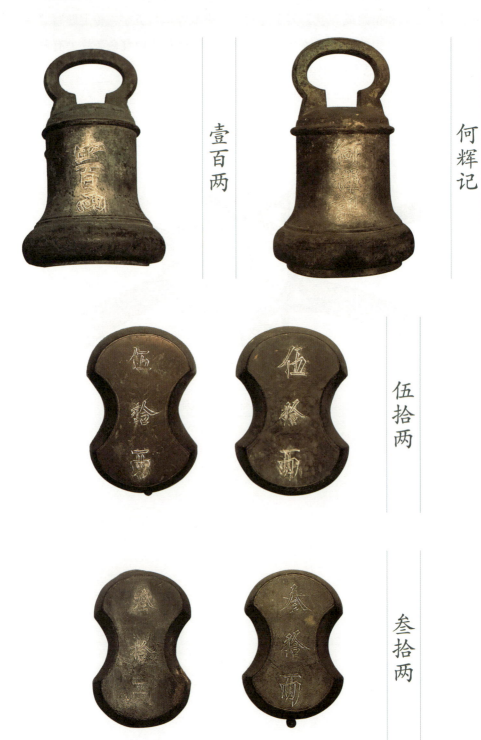

何辉记

壹百两

伍拾两

叁拾两

叁两

拾两

　　"何辉记"铜秤码，系广州知名丝织业行商何辉后人捐赠，分10两、20两、30两、50两、100两五种，用于购买生丝。锦纶会馆是广州丝织业的会馆，由织造铺户聚资修建，作为议事之所，每年推选"值理"管理行内事务。"何辉记"是民国时期广州一家丝织行铺，业主何辉曾为锦纶会馆值理，三代人同操此业，曾在广州市光复北路建成"何辉记大厦"，拥有数百平方米的店铺兼机房，名盛一方。据介绍，何辉记从沙面洋行取得丝织物样板并购买丝线，再分发给机户织造。

民国广州市工务局铁沙井盖

该铁沙井盖直径 50.3 厘米，其上铸有三十三字：

广州市工务局示
盗买与盗卖
者罚五十元
报信或引拿
均六成充赏
民国廿二年置

可知沙井盖系民国 22 年（1933）由广州市工务局制作，其上铸严禁窃取盗卖之警示，为 20 世纪 30 年代广州市政建设的遗物。

1918 年 10 月 22 日，广州市政公所成立，独立的市政管理机构自此产生，结束了广州分属番禺、南海县治的历史。其重要的意义在于广州有了"市"的概念。1920 年 11 月 4 日，时任广东省省长陈炯明任命孙科为广州市政公所坐办，兼任治河处督办。

1920 年 12 月 23 日，《广州市暂行条例》经陈炯明核定后正式颁布，1921 年 2 月 15 日正式实施。2 月 16 日，广东省省长公署第七号布告发布，宣布将省会地方划为广州市行政区域，直隶于省政府。孙科被委任为广州市首任市长。2 月 17 日，孙科率各局局长宣誓就职，组成广州市第一届政府。

1921 年 3 月 7 日，广东省省长公署发出第 577 号训令，正式将广州市市长办公机关定名为广州市市政厅，同时也是广州市的行政机关，办公地址在广州市长堤南关。

市政厅下设财政局、工务局、公安局、卫生局、公用局、教育局六局。据《广州市暂行条例》划定，工务局专门负责城市工程计划、建设等的管理，掌理下列事务：规划新市街；建筑及修理道路、桥梁、壕沟、水道；取缔各种楼房建筑；测量全市公有及私有土地；经理公园并各种公共建筑；其他关于土木工程事项。

1930 年，时任工务局局长程天固编著《广州市工务之实施计划》，该计划于 1920 年其接手市政工作时开始筹措，由于陈炯明事件而中断。至 1929 年程天固再任工务局局长时有感市政建设的凌乱无序，继而重新开展该计划书的拟定。

该计划为广州市 3 年（由 1929 年 6 月起至 1932 年 6 月止）的工务实施计划。目的在于指导市政建设，改善市民生活。时任市长林云陔在序言中写道："惟就市政推行之步骤言，则都市设计，实居首要之地位。"程天固在计划中亦写道："夫都市设计乃整个的社会建设问题，而非单纯技术上之问题也；苟市民生活，不能因都市建设而改善，社会经济，不能因都市改造而发展，则都市设计之目的，尚安在哉？"

广州市在基础设施、公用事业以及城市治安等方面取得了显著成绩，改变了城市风貌，促进了广州向近代化城市的转变。广州市政改革的成功经验成为其他城市进行市政改革实践的效仿对象，并随着北伐战争的胜利进行，在国民政府的积极推动下迅速向其他城市推广。汕头、成都、武昌、九江等地的城市组织法规乃至 1928 年国民政府完成全国统一后所颁布的《特别市组织法》和《市组织法》都是以《广州市暂行条例》为蓝本修改而成的。

民国广州市工务局铁沙井盖

【参考书目】

1. 广州市文物管理委员会、广州博物馆编：《广州汉墓》，文物出版社 1982 年。

2. 《广州市文物志》编委会编：《广州市文物志》，岭南美术出版社 1990 年。

3. 广州市文化局、广州市地方志办公室、广州市文物考古研究所编：《广州文物志》，广州出版社 2000 年。

4. 广州博物馆编：《广州历史文化图册》，广东人民出版社 1995 年。

5. 广州市文化局、西汉南越王博物馆编：《考古发现的南越玺印与陶文》，澳门民政署文化康体部 2005 年。

6. 东莞市博物馆、广州博物馆、广州艺术博物院、广东省立中山图书馆编：《精诚所"治"金石为开——纪念容庚先生诞辰 120 周年展览图录》，广东人民出版社 2014 年。

7. 广州博物馆编：《镇海楼论稿》，岭南美术出版社 1999 年。

8. 广州博物馆编：《镇海楼史文图志》，花城出版社 2004 年。

9. 广州博物馆编：《海贸遗珍——18 至 20 世纪初广州外销艺术品》，上海古籍出版社 2005 年。

10. 广州博物馆编：《发现广州》，岭南美术出版社 2015 年。

11. 金申：《中国历代纪年佛像图典》，文物出版社 1994 年。

12. 陈志高：《中国银楼与银器》，清华大学出版社 2017 年。

13. 广州市文物考古研究所编：《广州考古六十年》，广东人民出版社 2013 年。

14. 深圳博物馆编：《岭南地区出土青铜器研究》，文物出版社 2006 年。

15. 罗福颐主编：《秦汉南北朝官印徵存》，文物出版社 1987 年。

16. 王人聪、叶其峰：《秦汉魏晋南北朝官印研究》，香港中文大学文物馆专刊之四，1990 年。

17. 黄惇总主编：《汉晋南北朝印风》，重庆出版社 1999 年。

18. 孔祥星、刘一曼：《中国铜镜图典》，文物出版社 1992 年。

19. 广州博物馆编：《广州定制——广州博物馆藏清代中国外销纹章瓷》，文物出版社 2017 年。

20. 杨式挺：《岭南文物考古论集》，广东省地图出版社 1998 年。

21. 杨式挺：《岭南文物考古论集续集》，岭南美术出版社 2011 年。

22. 麦英豪：《麦英豪文集》，文物出版社 2018 年。

23. 南越王宫博物馆编：《西汉南越国史研究论集》，译林出版社 2015 年。

后记

  2020 年岁首广州博物馆举办的"字字珠玑——广州博物馆藏有铭铜器展",是基于广州博物馆文物典藏策划的一个原创展览,正如展览前言所写,"当精深凝练的文字与永恒坚固的铜铸器物相结合,衍生出的即是精美绝伦的艺术品,亦是带有赏赐、立言、告诫、祝愿等功能的日用品"。展览选取馆藏吉金、铜镜、玺印、古钱四类有铭器物逾 200 件,所展铜器上的铭文少则二三字,多则不过百,却字字千钧,字字载史,吸引了文博同行和文物爱好者的关注。为使展览成果久存并将藏品信息惠及民众,早在 2019 年下半年,李民涌馆长即召集陈列部、保管部业务骨干,在该展展品基础上补充馆藏文物,深入释读铭文刻辞信息,集众人之力耗时一年,编辑出版《字字珠玑——广州博物馆典藏铭文刻辞类文物选》一书。

  本书甄选馆藏除碑刻之外的有关刻辞铭文类文物 200 余件,从铜器扩充至青铜器、铜镜、印玺及砖瓦陶文等,率以品相完好、铭文清晰且具备一定历史文献价值为准则,依类比属,按历史年代顺序排列,考稽叙述,编纂成册。本书以记录、释读文物本身铭文刻辞为主旨,条目命名力求体现铭文内容与特点。所辑之器,为出土或传世之物,时代从商朝延续至清代,铭文或多或寡,多与广州历史文化密切相关,与广州博物馆基本陈列"广州历史陈列"主题一脉相承,相得益彰,可视为该展内容的补充与延续,为观览研习者提供参鉴。

  书稿既成,惠承广州著名文史专家陈泽泓研究员、西汉南越王博物馆馆长吴凌云研究员、郑州大学历史学院田成方副教授悉心审阅把关,并提出具体修改完善意见,衷致谢忱。因编者水平有限，难免有纰漏瑕疵之处，恳请读者谅解并批评指正。

　　谨以此书作为广州博物馆藏品系列研究的新起点，和衷共济，埋头耕耘，一步一个脚印，不断推进藏品整理、研究和利用工作。

　　　　　　　　《字字珠玑——广州博物馆典藏铭文刻辞类文物选》编辑小组